Training Grammatik

4. Schuljahr

Für den Übergang
auf weiterführende Schulen

Beilage: Elternheft mit Lösungshilfen

Von Alfred Detter und Karl Sirch

Ernst Klett Verlag

Eine Liste der wichtigsten Begriffe
befindet sich am Ende des Buches.

CIP-Kurztitelaufnahme der Deutschen Bibliothek
Detter, Alfred:
Training Grammatik: 4. Schuljahr;
für d. Übergang auf weiterführende Schulen /
von Alfred Detter u. Karl Sirch.
7. Aufl. – Stuttgart: Klett, 1987.
& Elternh. mit Lösungshilfen
  ISBN 3-12-922162-X
NE: Sirch, Karl:

ISBN 3-12-922162-X

7. Auflage 1987
Alle Rechte vorbehalten
Fotomechanische Wiedergabe nur mit Genehmigung des Verlages
© Ernst Klett Verlag GmbH u. Co. KG, Stuttgart 1976
Satz: Fotosatz Tutte, Salzweg bei Passau
Druck: Wilhelm Röck, Weinsberg
Illustrationen: Zembsch' Werkstatt, München
Einbandgestaltung: Hitz und Mahn, Stuttgart

Liebe Mädchen und Jungen!

Grammatik, muß das denn sein?
Natürlich muß es nicht sein. Es gibt viele Leute, die keine Ahnung haben, was ein Namenwort (Substantiv) ist, trotzdem machen sie Geschäfte, telefonieren und schreiben Briefe. Daß „Bahnhof gehen wo?" falsch ist, weiß von den Deutschsprechenden jeder. Aber warum es falsch ist, das können nur wenige erklären. Und damit man über solche Dinge sprechen kann, muß Grammatik eben doch sein.

Dieses Heft soll Dir helfen, Versäumtes nachzuholen, Lücken zu schließen, Dein Wissen zu festigen. Es wird wahrscheinlich nicht nötig sein, daß Du das ganze Heft durcharbeitest.

- *Blättere zuerst mal das Heft ganz einfach durch. Auf Seiten, auf denen etwas steht, was Du längst gut kennst, male oben mit einem Farbstift ein dickes Kreuz. So brauchst Du nur noch mit den Seiten arbeiten, die Neues enthalten. Sobald Du diese durchgearbeitet hast, bekommen auch sie dieses Kreuz.*
- *Du kannst aber auch so beginnen: Auf den Seiten 83 bis 85 steht eine Kurzgrammatik. Lies diese durch und schreibe alle Bezeichnungen und Regeln, die Du nicht sicher beherrschst, auf ein Blatt. Dann schlägst Du das Inhaltsverzeichnis auf Seite 86 auf und streichst die Bezeichnungen an, mit denen Du Dich noch befassen mußt.*

So kannst Du also genau jene Teile üben, in denen Du noch nicht sicher bist.

Auf den Seiten 76 bis 82 findest Du einige Probearbeiten (Tests), die Du „zur Probe" mal machen kannst. Du darfst Dir selber Noten geben und kannst da, wo es nicht so recht geklappt hat, im Inhaltsverzeichnis S. 86 nochmal nachschlagen.

Wir wünschen Euch viel Erfolg!

Die Verfasser

Die Wortarten

Wörter, von denen man in der Schule spricht

*Der Schüler schläft,
der Lehrer spricht,
ist das guter Unterricht?*

Wenn du im Unterricht aufgepaßt hast, kennst du die verschiedenen Wortarten.
Setze die Bezeichnung ein, die man bei euch in der Schule gebraucht:

_____	_____	_____
Artikel	Substantiv	Verb
der	Schüler	schläft
der	Lehrer	spricht

Der – die – das begleiten das Substantiv. An ihnen erkennt man sein Geschlecht.

Ergänze: _____ die_____ _____Haus
         (männlich)   (   )   (   )

Schreibe an Wortarten auf, was du kannst:

Die Schüler lernen. Sie sind sehr fleißig.
_____

Da kommt der Lehrer. Er schreibt etwas
_____

an die Tafel: Heute keine Hausaufgabe!
_____

Artikel und Substantiv sagen uns die *Anzahl*.

Der Artikel:
der Schüler   die Schüler
_____   _____
(Singular)   (Plural)

Das Substantiv: Beachte die Veränderung

am Wortstamm:
der Apfel   die Ä̲pfel

an der Endung:
das Bett   die Bett e̲n̲
das Auto   die Auto s̲

an Stamm und Endung:
das Haus   die H ä̲ us e̲r̲
der Schrank   die Schr ä̲ nk e̲

Auch die Adjektive zeigen dies an:
der große Apfel   die große n̲ Äpfel

Schreibe Singular und Plural auf:
Unterstreiche Veränderungen an den Endungen und im Wort!

das schnelle Schiff   _____

_____   frische Eier

_____   die neuen Bücher

ein hübsches Bild   _____

die belebte Straße   _____

_____   tolle Autos

der alte Mann   _____

_____   liebe Freunde

_____   die bunten Bälle

Schule – Schule!

Mutter: „Wann bist du heute aus dem Schulhaus herausgekommen? Es ist schon halb zwei!"
Sabine: „Die Schultür ging nicht auf!"
Mutter: „Und wie sieht dein Schulranzen aus!"
Sabine: „Der ist ja auch schon sehr alt!"
Mutter: „Mach' sofort deine Schularbeiten!"
„Ich höre immer nur Schule!", mault Sabine.

Es gibt eine Menge Zusammensetzungen mit -Schule-:

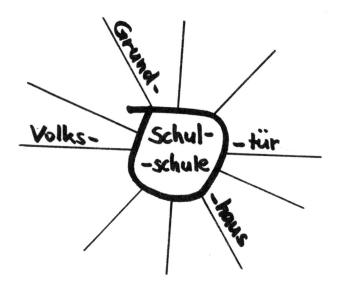

Ein Wort ist immer gleich. Unterstreiche rot!

Schultür   Grundschule

_____   _____

_____   _____

Auch hier ist immer ein Wort gleich:

Ernst Lohmann
Maria Lohmann
Otto Lohmann   Das ist die
Susi Lohmann————_____ Lohmann.

6

Auch die Gruppe mit Schule bildet eine Familie, die aus Wörtern besteht. Man nennt sie eine

_____

> **Merke:** Zusammengesetzte Namenwörter mit dem gleichen *Stammwort* gehören zu einer _____.

Ergänze:

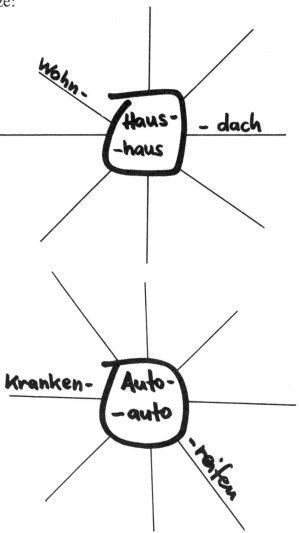

Die Polizei rät

Schützt euer Eigentum!

Verschließt eure Häuser! Schützt euch vor Diebstahl! Sichert euren Besitz durch ordentliche Schlösser und Schlüssel!

Wie heißen die Schlüssel?

_____
_____
_____
_____

Es gibt noch mehr:

Den Keller verschließe ich mit dem _____

Für die Wohnung besitze ich einen _____

Jeder Schrank erhält einen _____

Meinen Schreibtisch sichere ich mit einem _____

Das gemeinsame Wort ⟨-schlüssel⟩ nennt man das **Grundwort**.
Das Wort davor gibt an, wofür der Schlüssel **bestimmt** ist.
Solch ein **Bestimmungswort** bestimmt das Grundwort genauer.

Er wird für den Keller gebraucht

Man verschließt die Haustür

die Garage

den Dachboden

_____ wort _____ wort
_____-schlüssel
_____
_____
_____

Merke: Der **Artikel** richtet sich immer nach dem **Grundwort** – es steht immer **an letzter Stelle**

Finde das Grundwort heraus und ergänze es durch weitere Bestimmungswörter:

Ofentür, Autorad, Haustür, Fahrrad, Sporttasche, Gartentür, Aktentasche ...

_____ _____ _____

_____ _____ _____

_____ _____ _____

_____ _____ _____

_____ _____ _____

Kennst du das Spiel „Worthüpfen"?
Aus dem Grundwort wird das nächste Bestimmungswort:
Fahrrad   Radlampe   Lampenschirm   Schirm ...

Der Satz als Sinneinheit

Wörter und Sätze

① Was ruft die Mutter Holger wohl zu?

② Könnte es dies gewesen sein? Kreuze mögliche Lösungen an!

○ Bring aus dem Geschäft auch billige Eier mit!
○ Bringe aus dem Geschäft ja nicht die billigen Eier!
○ Sieh im Geschäft nach, ob sie noch billige Eier haben!
○ Laß die billigen Eier im Geschäft!
○ Frage im Geschäft, was die billigen Eier kosten!
○ Geh nochmal ins Geschäft und hole zehn billige Eier!
○ Wir wollen ein Geschäft mit billigen Eiern machen.
○ Hole doch auch noch billige Eier im Geschäft!
○ Hast du im Geschäft billige Schokolade gesehen und die Eier auch nicht vergessen?
○ Bring bitte aus dem Geschäft noch ein paar billige Schokoeier zum Schmücken der Torte mit!

③ Du siehst, wenn man nur Wörter hört, weiß man nicht, was gemeint ist. Erst ganze Sätze ergeben einen Sinn.

④ Als Claudia ins Wohnzimmer kommt, hört sie aus dem Radio gerade noch folgende Worte:

... Schule ... ausfällt ....

Das hätte eine gute oder eine schlechte Nachricht für sie sein können. Schreibe auf, wie du dir die beiden Nachrichten vorstellst!

_____

_____

⑤ Versuche auch hier aufzuschreiben, was wohl gemeint ist!

Stift _____

Blatt _____

grün _____

Es gibt immer mehrere Lösungen, und jeder Satz hat einen anderen Sinn.

⑥ Olivers Vater war geschäftlich verreist. Es war nicht sicher, wann er zurückkommen würde. Da kam dieses Telegramm:

ANKOMME FREITAG LETZTER ZUG STOP BITTE RÄDER RICHTEN STOP SONNABEND AUSFLUG STOP BOOT UND BADESACHEN STOP GEORG

Oliver wußte nicht, was der Vater meinte. Versuche, es ihm zu erklären!

_____

_____

_____

_____

⑦ Ingrid rannte über den Schulhof, da ihre Mutter im Auto wartete. Ihre Freundin rief ihr etwas nach, aber Ingrid hatte nur diese Wörter verstanden: „... vier Uhr ... Hallenbad ... Christian ... auch ... kommst ... mit ... zehn Minuten ..."
Kannst du erraten, was Ingrids Freundin gemeint hat?

_____
_____
_____
_____
_____

⑧ Als Knut Hammelbein und Abe Drehdichum, die beiden Detektive, nahe genug an das Versteck der Diebesbande herangeschlichen waren, konnten sie einige Dinge erlauschen. Abe schrieb in sein Notizbuch:

„Da müssen wir sofort die Polizei verständigen", sagte Knut.
Versuche aufzuschreiben, was sie der Polizei meldeten!

_____

_____

_____

_____

_____

_____

⑨ Hannes hat bei Hanna zugesehen, wie sein Leibgericht Pfannkuchen zubereitet wird. Da er sich jetzt öfters selber welche backen will, hat er sich Notizen gemacht: – Mehl sieben – Prise Salz – 2 Eier – Milch – rühren – Fett – Pfanne – backen –.
Weißt du, was Hannes mit diesen Worten meint? Wenn nicht, unterhalte dich mit jemandem, der Bescheid weiß!

⑩ Auf dem Bahnsteig rief jemand dauernd: „Heiße Frankfurter!" „Halten Sie den Mund, Mann!" rief ein Fahrgast. „Ich rufe doch auch nicht herum, daß ich Maier heiße."
Kannst du erklären, was hier passiert ist?

⑪ Was hast du nun gelernt? (Kreuze eine Lösung an und vergleiche mit Seite 10).

○ Wenn man spricht, sagt man einzelne Wörter.
○ Wörter allein geben noch keinen Sinn, nur Sätze.
○ Man muß genau zuhören, wenn man etwas kaufen will.

Sätze und Wörter

> Hast du heute Peter paß auf schon gefrühstückt?
> Eben hat es aua geläutet.
> Gib dem Finger weg Hamster noch Futter!
> Vorher war Susi der Briefträger da!

① Sieh dir diese Sätze an. Was ist passiert? Welche dieser Antworten stimmen mit deiner überein?

- ○ Hier gehen Kinder gerade zur Schule.
- ○ Hier spricht jemand gleichzeitig zu verschiedenen Leuten.
- ○ Hier spricht jemand, und ein anderer redet dazwischen.
- ○ Das sind schöne Durcheinander-Sätze.

② Streiche in den Sätzen die störenden Wörter durch!

③ Streiche auch in den folgenden Beispielen störende Zusätze durch!

> Helmut ißt gerne Hunger Apfelkuchen.
> Vorgestern hat Oma bei uns Hut angerufen,
> Hast du das neue Brot Heft schon ausgelesen?
> Es gibt oft Speisereste Wörter, die in einem Satz stören.

④ Was hast du heute in der Schuhe putzen Schule gelernt?
Solche Sätze klingen oft spaßig. Versuche dir einige auszudenken und schreibe sie auf!

_____

_____

⑤ Was hast du nun gelernt? (Vergleiche mit Seite 10!)

- ○ Es ist lustig, wenn alles durcheinanderspricht.
- ○ Wenn Helmut Hunger hat, soll er Apfelkuchen essen.
- ○ Wenn verschiedene Wörter oder Sätze durcheinandergeraten, weiß man nicht, was gemeint ist.

Vor- und Nachsilben

Unfug oder Ernst?

Heute ging es in der Schule lustlich zu! Hans machte solche Verrenknisse, alle mußten lachen. Der Lehrer meinte, wir sollten nicht so kindsam sein. Unsere Heiterschaft kannte keine Grenzen – alles war fröhsam! Wir konnten uns kaum mehr verherrschen. Da wurde der Lehrer ungeduldhaft. ,,Die Dummkeiten hören jetzt sofort auf!" Er wollte uns zerstrafen, jeder sollte sogleich eine Geschichte schreiben. Meine habt ihr gerade gelesen.

Kannst du das Durcheinander auflösen?

lust_____ die Heiter_____ _____herrschen

die Verrenk_____ fröh_____ _____strafen

kind_____ ungeduld_____

Jedes dieser Wörter besitzt eine _____silbe (Suffix).

Diese Wörter haben eine _____silbe (Präfix).

Verschiedene *Nachsilben* gehören zu ganz bestimmten *Wortarten*. Setze richtig ein!

die Teil | *ung*   die Heiter | *keit* | *heit*   das Hinder | *nis*

Denke nach – die folgenden Wörter helfen dir!

fröhlich – schenken – begraben – klug – steuern – einig – frei – überzeugen – besinnlich – schön – weise – erkennen – gefangen – dumm – versenken – einsam – herrlich.

Merke: Wörter mit den Nachsilben -ung, -keit, -heit, -nis sind

_____. Ich schreibe sie _____.

Ich kann sie aus Verben und Adjektiven bilden.

Auch Adjektive können Nachsilben haben:

fröhlich   geduldig   kindisch   arbeitsam

Benütze wieder folgende Wörter:
der Schmerz – die Tugend – der Verdacht – das Eis – die Gründlichkeit – die Eigenart – der Narr – die Stadt – die Pein – streben – die Frucht – liefern – die Sünde – ansprechen – teilnehmen – das Glück – die Treue.

vorteilhaft   arbeitslos   vergleichbar

_____   _____   _____

_____   _____   _____

_____   _____   _____

Merke: An den Nachsilben _____ , -_____ , -_____ , -_____ , -_____ , -_____ , -_____ erkenne ich Adjektive. Ich schreibe sie _____.

Ich kann sie aus Substantiven und Verben bilden.

Manche Substantive und Adjektive besitzen außer *Nachsilben* auch noch *Vorsilben:*

Substantive
die |Be| kleid |ung|
die |Zer| stör |ung|
die |Un| entschlossen |heit|
die |Ver| renk |ung|

Adjektive
|un| aufhalt |sam|
|vor| teil |haft|
|un| geduld |ig|
|ver| schließ |bar|

Verben werden mit den *Vorsilben* be-, er-, ent-, ver- und zer- zusammengesetzt.

bedrohen   erzählen   entscheiden   verlieren   zerlegen

_____

_____

_____

Suche weitere und benütze dabei das Wörterbuch!

Sinnschritte

Wörter – Sätze – Wörter

① Lies jede der folgenden Zeilen für sich und versuche herauszufinden, welche Wortgruppe jeweils einen Sinn ergibt!

(1) gar nicht er will erst morgen kommen aber da kann es schon
(2) geholfen hat er wollte es ganz alleine machen sein Vater
(3) nicht möglich so es sollte besser grün gestrichen werden
(4) rot sie merkte es nicht und fuhr weiter da sah sie plötzlich
(5) mit ihnen hinaus dort stand Dagmar mit dem Ball sie meinte

② Unterstreiche die Wörter, die zusammen einen Sinn ergeben!

③ Diese sinnvollen Wortgruppen sind Sätze. Wenn man sie schreibt, schreibt man das erste Wort mit großem Anfangsbuchstaben und setzt hinter das letzte Wort einen Punkt.
Berichtige die Zeilen oben!

④ Was ist mit den übrigen Wortgruppen? (Kreuze an!)

○ Die übrigen Wörter sind chinesisch.
○ Die übrigen Wörter gehören zu anderen Sätzen, die unvollständig sind.
○ Die übrigen Wortgruppen erzählen von einem Pony.

Wenn du den zweiten Vorschlag angekreuzt hast, müßtest du eigentlich in jeder Zeile oben noch einen Punkt setzen und einen großen Anfangsbuchstaben darüberschreiben!

⑤ Findest du auch in diesen Zeilen die sinnvollen Sätze?
Kennzeichne sie durch große Anfangsbuchstaben und Schlußpunkt!

(6) gerne gekommen aber unsere Mutter ist verreist da geht es
(7) wir wollen das diesmal nicht vergessen morgen müssen wir
(8) nie gedacht wir können das doch nicht jeden Tag anziehen
(9) natürlich nicht wie soll es denn weitergehen wir haben doch
(10) nein sagen sie kann doch das Paket nicht allein tragen sie

Ist dir aufgefallen, daß bei einer Zeile ein Punkt nicht genügt?

⑥ Kannst du das lesen?

Schneck heraus Schneck aus komm deinem heraus Haus, komm

(Du mußt beim Lesen immer ein Wort auslassen!)

⑦ Es war einmal ein kleiner Junge der wollte unbedingt einen Frosch haben also ging er jeden Tag am Bachufer entlang da entdeckte er endlich einen Grünrock schnell griff er zu und hatte ihn auch schon zwischen den Händen auf dem Heimweg drückte er die Hände fest zusammen er hatte Angst, daß ihm der Frosch wieder entwischen könnte als er seine Beute der Mutter zeigen wollte, war der Frosch tot das tat dem Jungen leid

Hast du beim Lesen jeden Sinnschritt gefunden? Nun, dann kannst du sicher leicht die Punkte setzen und die großen Anfangsbuchstaben darüberschreiben. So liest sichs dann leichter.

Wortsätze

① „He!" – „Wer? Ich?" – „Ja, du!" – „Was ist?" – „Komm!" – „Nein." – „Warum?" – „Will nicht." – „Dann also nicht."

Die beiden, die hier sprechen, benutzen keine Sätze. Sie reden in Wortgruppen oder Wörtern. Daß sie sich trotzdem verstehen, liegt daran (Kreuze an!):
○ Sie gehen miteinander ins Kino.
○ Sie kennen sich gut und benützen eine Geheimsprache.
○ Sie zeigen, was gemeint ist, auch durch Gesten und durch die Art, wie sie sich anschauen.

Es gibt auch Einwortsätze. Um zu verstehen, was sie meinen, muß man genau wissen, was noch alles geschieht. Deshalb werden solche Sätze nur selten verwendet.

② Ein Kunde betritt in der Frühe die Werkstätte des Handwerkers und will einen reparierten Gegenstand abholen. (Decke beim Lesen die rechte Spalte zuerst mit der Hand zu!)

„Morgen!"	(Begrüßung durch den Handwerker)
„Morgen!"	(Kunde grüßt zurück.)
„Morgen."	(Handwerker: Es ist erst morgen fertig.)
„Morgen?"	(Kunde: Wirklich?)
„Morgen!"	(Handwerker: Ja.)
„Morgen!"	(Kunde: Also dann auf Wiedersehen!)
„Morgen!"	(Handwerker grüßt zurück.)

Satzteile

Wortsalat

(1) | Hammer | den | Vater | brachte | ihrem | Angela |

① So spricht natürlich niemand. Irgendwie sind hier die Wörter eines Satzes durcheinandergepurzelt. Schreibe ihn richtig geordnet hier auf!

_____

② Insgesamt gibt es vier Möglichkeiten, diesen Satz zu ordnen.
Schreibe auch die anderen Möglichkeiten auf!

Angela	brachte	ihrem Vater	den Hammer
Ihrem Vater			
Den Hammer			
Brachte			?

③ Wie viele Lösungen findest du hier?

(2) | mit | gestern | sie | dem | München | Zug | aus | kam |

_____

_____

Kam _____ ?

④ Ordne auch diese Wörter und stelle dann um!

(3) | ersten | Daniel | März | Geburtstag | am | hat |

_____

_____

_____

⑤ Schreibe den folgenden Satz auf einen Papierstreifen!
Zerschneide ihn dann so, daß du die Teile immer wieder umstellen kannst!

(4) | Christine holte ihren kleinen Bruder aus der Küche.

⑥ Schreibe nun alle Umstellungen hier auf!

_____

_____

_____

_____

⑦ Ist dir aufgefallen, daß beim Umstellen dieses Satzes einige Wörter immer beieinander bleiben? Schreibe diese zwei Wortgruppen hier auf!

⑧ Zwei Wörter bleiben bei den Umstellungen immer allein.
Schreibe sie hier auf:

22

⑨ Versuche auch bei diesen Sätzen herauszufinden, welche Wörter beim Umstellen allein bleiben (unterstreiche sie!) und welche Wortgruppen beim Umstellen beieinanderbleiben.

(Rahme sie ein! Im ersten Beispiel wird dir das gezeigt.)

> (5) <u>Gestern</u> <u>bekam</u> |jeder von uns| |zum Frühstück| |ein Ei|.
> (6) Ich wollte natürlich wie immer das größte haben.
> (7) Aber meine Mutter stellte es dem Vater hin.
> (8) Dann gab es eine große Überraschung.
> (9) Das Ei hatte nämlich zwei Dotter!

⑩ Was hast du nun gelernt? (Kreuze an!)
- ○ Ein Satz besteht meist aus mehreren Wörtern.
- ○ Es ist gleichgültig, wie die Wörter im Satz stehen.
- ○ Man kann Sätze umstellen.
- ○ Manche Wörter im Satz bleiben auch beim Umstellen zusammen.

Zahlwort

Wer ist der erste?

Mehrere Schüler sausen ins Zimmer. Zwei rufen: „Wir setzen uns um!" Hans macht den ersten in der Reihe. Jetzt streiten schon vier um diesen Platz. „Mach' du doch mal den zweiten", schlägt Katrin vor. Da raufen ein paar um die dritte Bank. Nun erscheint die Lehrerin und entscheidet, daß Hans den zweiten und Klaus den letzten in der Reihe machen soll.

Setze richtig ein:

| zwei _____ | der erste _____ | mehrere _____ |
| _____ | _____ | _____ |

wie viele genau?

| neun, fünfzehn, dreißig, hundert ... | Hier wird eine *ganz bestimmte Anzahl* angegeben, man nennt sie *Grundzahlen*.

der Wievielte?

| der erste, der zweite, der fünfzehnte ... der letzte | Hier geht es um eine ganz bestimmte *Ordnung,* man nennt sie _____

wie viele ungefähr?

| einige, mehrere, viele ... |

Hier weiß man *keine bestimmte Anzahl* und *keine bestimmte Ordnung*, man nennt sie _____ bestimmte Zahlwörter.

Setze in die richtige Spalte ein!

sieben, die meisten, ein paar, der dritte, vierzehn, der achte, elf, wenige, die zweite, einige, zwei, der siebzehnte, viele, hundert, der tausendste.

bestimmte Zahlwörter		unbestimmte Zahlwörter
Grundzahlen	Ordnungszahlen	

Satzarten

Rede-Arten

> Cornelia – ja – gib mir doch bitte die Schere – willst du die große oder die kleine – die kleine genügt – was machst du denn – ich nähe den Reißverschluß an deiner Hose fest – kann ich sie dann morgen schon anziehen – ja – aber ich muß sie nachher noch bügeln – das kann ich schon selbst – gut –

① Du hast sicher schon erraten, daß hier ein Gespräch aufgezeichnet ist. Es ist auch nicht schwer zu erraten, wie viele Personen sich da unterhalten. Es sind Cornelia und vermutlich ihre Mutter.

② Du kannst auch leicht feststellen, welches Einwortsätze und Mehrwortsätze sind. Hier stehen die Einwortsätze untereinander. In der rechten Spalte ist aufgeschrieben, was diese Sätze meinen. Aber die Reihenfolge stimmt nicht. Verbinde Einwortsatz und Gemeintes, so wie es beim ersten Beispiel gezeigt wird!

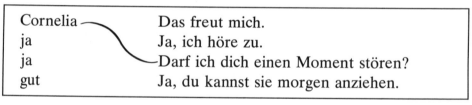

③ Wenn die beiden miteinander reden, dann haben sie immer eine ganz bestimmte Absicht. Es gibt drei solche Rede-Absichten:

Jemand will, daß ein anderer etwas tut. Er fordert ihn auf, zu ihm herzusehen oder etwas zu tun.

Überlege, welche Sätze in dem Gespräch einen anderen zu einem Tun auffordern. Unterstreiche diese Sätze grün.

Jemand will, daß ein anderer etwas erfährt. Er erzählt es ihm. Dabei ist es gleichgültig, ob der andere es nachher beherzigt. Man sagt einfach: „Ich bin so, das ist so."

Findest du in dem Gespräch solche Sätze? Unterstreiche sie rot!

Jemand will, daß der andere ihm etwas sagt. Er will etwas wissen, eine Auskunft. Er will, daß der andere zu ihm spricht.

Findest du oben solche Sätze? Unterstreiche sie blau!

④ Ob du wohl jeden Redeteil mit der richtigen Farbe gekennzeichnet hast? Hier kannst du vergleichen:

Redeteil	Farbe	Absicht
Cornelia	blau	Will eine Antwort
ja	rot	Gibt Auskunft: „Ich höre."
gib mir ...	grün	Fordert zu einem Tun auf.
willst du ...	blau	Will eine Antwort
die kleine genügt	rot	Gibt Auskunft
was machst du ...	blau	Will eine Antwort
ich nähe ...	rot	Gibt Auskunft
kann ich ...	blau	Will eine Antwort
ja (du kannst ...)	rot	Gibt Auskunft
aber ich muß ...	rot	Gibt Auskunft
das kann ich ...	rot	Gibt Auskunft
gut	rot	Gibt Auskunft

⑤ Hier ist in der linken Spalte noch ein Gespräch aufgezeichnet. Versuche, die beiden anderen Spalten auszufüllen!

Redeteil	Farbe	Absicht
Jörg		
Ja		
Gehst du heute mit ins Hallenbad		
Nein, heute nicht		
Warum denn		
Ich muß zum Arzt		
Bist du krank		
Ich weiß nicht recht		
Zeig mir mal die Zunge		
Bist du vielleicht ein Arzt		

⑥ Verschiedene Redeabsichten führen also zu verschiedenen Rede- oder Satzarten:

Sätze, die einen anderen zu einem Tun auffordern, nennt man Aufforderungssätze (auch Befehlssätze, Imperativsätze).
Bei geschriebenen Texten setzt man ein Ausrufezeichen: !

Sätze, die Auskunft geben, nennt man Erzählsätze (auch Aussagesätze.) In geschriebenen Texten setzt man einen Punkt: .

Sätze, die eine Antwort wollen, sind Fragesätze. In geschriebenen Texten kennzeichnet man sie mit dem Fragezeichen: ?

⑦ Hier ist nochmals ein Gespräch. Überlege, welche Absicht die Redeteile haben und setze dann Punkt, Frage- oder Ausrufezeichen!

> Gib mir mal bitte das Lineal – Hast du denn kein eigenes – Doch. Aber ich habe es heute vergessen – Dann nimm es halt – Ich leih dir ja auch immer den Radiergummi – Ist schon gut –

Wenn du die Satzarten richtig erkannt hast, hast du sicher drei Punkte, zwei Ausrufezeichen und ein Fragezeichen gesetzt.

⑧ Versuche nun, auch bei diesem Gespräch die Satzarten festzustellen:

Redeteil	Satzart	Zeichen
Was machst du heute nachmittag		
Ich weiß nicht recht		
Komm doch mit zur Kiesgrube		
Was wollt ihr da		
Wir spielen Indianer		
Gut, dann komme ich mit		
Bring deinen Pfeil und Bogen mit		
Gut		

⑨ Wenn man wirklich gesprochene Sätze niederschreibt, kennzeichnet man sie mit *Redezeichen*: „". Das hast du sicher schon oft beobachtet. Das untere Redezeichen „ steht immer am Beginn einer Rede, das obere " nach dem Ende der Rede. Redezeichen werden oft auch *Anführungszeichen* genannt.
Setze bei den Gesprächen in den Aufgaben 5 und 8 die Redezeichen!

Übungen

Auf dieser Seite findest du Gespräche. Du kannst an ihnen üben, die Satzarten zu unterscheiden, die Satzzeichen und Redezeichen zu setzen.

(1)
Hier Doktor Weldmann – Herr Doktor, meine beiden Kinder haben hohes Fieber – Wieviel denn – Beide haben 39,7 – Haben sie etwas Falsches gegessen – Wer, ich – Nein, ihre Kinder – Nein. Doch jetzt fällt es mir ein: Die haben gestern eine Fischdose geöffnet und leergegessen – Rufen Sie bitte sofort einen Krankenwagen, und lassen Sie die beiden ins Krankenhaus bringen Ich rufe inzwischen dort an – Ist es so schlimm – Hoffentlich nicht Wir wollen alles nur Mögliche tun – Danke, Herr Doktor –

(9 Punkte, 4 Fragezeichen, 1 Ausrufezeichen)

(2)
Stefan, komm mal her – Was soll ich denn – Halt mir mal den Drachen – Kannst du das nicht selber – Ich muß doch Carola helfen Die kriegt ihren Drachen nicht hoch – Geht in Ordnung Ich komme – Aber paß auf, daß sich die Schnüre nicht verwickeln – Na sicher, das kann ich schon – Carola, ich komme –

(6 Punkte, 2 Fragezeichen, 3 Ausrufezeichen)

(3)
Nun hört mal alle zu – Wieso Immer willst du, daß wir zuhören – Es ist aber wichtig – Was ist wichtig – Daß ihr mir zuhört – Da finde ich nichts Wichtiges dran – Ihr sollt aber zuhören – Wollen wir aber nicht – Dann geh ich – Mensch, hau doch ab

(6 Punkte, 2 Fragezeichen, 3 Ausrufezeichen)

(4)
Fahren Sie doch bitte rechts ran – Meinen Sie mich – Ja, Sie – Wieso denn – Das erkläre ich Ihnen sofort – Na, dann fahr ich halt rechts ran – Haben Sie das Stopschild dort nicht gesehen – Da ist doch kein Stopschild – Na, dann kommen Sie mal mit – Ich gehe nicht mit Da war noch nie ein Stopschild – Dann schauen Sie wenigstens mal hin Man kann das Schild auch von hier aus sehen – Ach ja, jetzt sehe ich es – Jetzt ist es zu spät

(9 Punkte, 3 Frage- und 3 Ausrufezeichen)

Personalform des Verbs

Verstehst du ihn?

*Peter wird auf der Straße von einem Mann angesprochen:
„Können du mir sagen, wo hier Bahnhof sein? Ich müssen da hin."
„Ja, ja – ich gehen – äh, ich gehe mit ihnen bis zur Bahnhofstraße. Es sind nur ein paar Meter."*

Peter ist verwirrt, jetzt spricht er auch schon wie ein Ausländer! Dabei weiß er genau, wie es richtig heißen muß:

„_____ du mir sagen, wo hier der Bahnhof _____ ?

Ich _____ da hin."

Der Ausländer weiß nicht, daß sich die *einfache Form,*
die **Grundform des Verbs (Infinitiv)** verändert, wenn Personen sprechen.
Er weiß nichts von der **Personalform des Verbs.**

Das Verb erhält verschiedene Endungen.

Grundform: spielen

Eine Person spielt:	*Einzahl* (Singular)
ich _____	1. Person
du _____	2. Person
er, sie, es _____	3. Person
Mehrere Personen spielen:	*Mehrzahl* (Plural)
wir _____	1. Person
ihr _____	2. Person
sie _____	3. Person

Bestimme folgende Personalformen:

ich arbeite   wir essen   du schreibst   sie lesen

_____   _____   _____   _____

Das Prädikat

Ordnung muß sein

① Stelle nun auch den folgenden Satz um! Damit du nicht so viel zu schreiben brauchst, schreibst du in jedes Kästchen nur den Anfangsbuchstaben der Wörter. Das erste Beispiel zeigt es dir.

(1) | Wolfgang baut mit seinem Vater ein Flugmodell.

Umstellungen:

W.	b.	m. s. V.	e. F.
B.			?

② Bei den nächsten Umstellungen lassen wir den Fragesatz weg. Überlege dir den Grund:

○ Der Erzählsatz schildert eine wirkliche Handlung. Im Fragesatz geschieht eigentlich nichts.
○ Bei Umstellungen entstehen viele Fragesätze.

31

③ Stelle nun auch diesen Satz um und trage die Anfangsbuchstaben der Wörter in die Kästchen ein!

| Herr Kromberg fuhr gestern mit seinem Auto gegen einen Zaun |

H. K.	f.	g.	m. s. A.	g. e. Z.

④ Nun betrachten wir diese Umstellung genau:

- ○ Wie viele Satzteile haben wir? ....

- ○ Ein Satzteil bleibt bei allen Umstellungen an der gleichen Stelle. Es ist die ____ . Stelle und der Satzteil heißt ....

- ○ Dieser Satzteil sagt aus, was geschieht. Man nennt ihn deshalb *Satzaussage* oder *Prädikat*. Schreibe diese beiden Bezeichnungen hier noch einmal:

- ○ Nimm einen blauen Farbstift und umrahme alle Kästchen, in denen ein *Prädikat* steht, auf dieser und auf den vorigen Seiten (Du kannst die Kästchen auch leicht blau ausmalen.)

- ○ Hast du es entdeckt? Bei den Erzählsätzen ist das Prädikat immer an der 2. Stelle. Beim Fragesatz aber an ____ Stelle.

- ○ Und nun sieh dir die Wörter an, aus denen die Prädikate bestehen! Es sind immer Verben. Prädikate bestehen also immer aus

Übungen

Auf dieser Seite kannst du das Umstellen von Sätzen üben.
Male nach jeder Umstellung das Prädikat blau an!

(1) | Nächste Woche muß Katja dringend zum Zahnarzt.

N.W.	m.	K.	d.	z.Z.	Zahl der Wörter:
					Zahl der Satzteile:

(2) | Im nächsten Urlaub fahren wir bestimmt nach Jugoslawien.

					Wörterzahl:
					Satzteilzahl:

Teile die folgenden Sätze durch senkrechte Striche in Satzteile auf und färbe das Prädikat blau! (Siehe Satz 2 oben.)

(3) | Heute brachte Jens endlich das Buch zurück.

(4) | Angela zankte sich in der Pause heftig mit Nicole.

(5) | Seit einer Woche liegt Achim im Krankenhaus.

(6) | Ich bastle gerade eine Maske aus Pappe.

Zeitform des Verbs

Unterhaltung im Kindergarten

Karin zu Klaus:
„Du hast dich nicht richtig angezieht, du muß dich ordentlich anziehen."
Die Kindergärtnerin verbessert:
„Du hast dich nicht richtig _____ ."
Klaus:
„Warum hast du dein Märchenbuch nicht mitgebringt?"
Die Kindergärtnerin verbessert wieder:
„Warum hast du dein Märchenbuch nicht _____ ?"

Es gibt noch viele Verben, die von kleinen Kindern erst gelernt werden müssen, wenn sie etwas Vergangenes erzählen wollen.

Setze richtig ein:

Grundform   **Perfekt, Personalform**
trinken   ich _____ Limonade _____

ziehen   _____

schreiben   _____

springen   _____

War eine Handlung in der Vergangenheit schon abgeschlossen, bleibt zwar das zweite Glied des Verbteils, aber aus „bin gegangen" wird „*war* gegangen", aus „habe gesagt" wird „*hatte* gesagt".

Grundform   **Plusquamperfekt, Personalform**
schwimmen   ich war _____

reiten   _____

sitzen   _____

Es gibt aber auch viele Verben, die sich nicht verändern:

Grundform   **Perfekt, Personalform**
fahren   ich bin mit dem Rad _____

malen   _____

schlafen   _____

Suche weitere:

_____

_____

Unterstreiche mit verschiedenen Farben, wenn sich das Verb verändert.

Grundform	**Personalform**	
	Präteritum	**Perfekt**
lachen	_____	_____
gehen	_____	_____

Setze das Fehlende ein:

Grundform	**Präsens**	**Präteritum**	**Perfekt**
fahren	_____	_____	_____
_____	_____	_____	ich habe geholfen
_____	_____	ich nahm	_____
_____	er liest	_____	_____

Verben, die sich in der Vergangenheitsform *stark* verändern, nennt man

stark gebeugt

z. B. ich nehme   ich nahm   ich habe genommen
oder ich esse   ich aß   ich habe gegessen

Verben, die sich im Wortstamm *nicht* verändern, nennt man

schwach gebeugt

z. B. ich male   ich malte   ich habe gemalt
oder ich spiele   ich spielte   ich habe gespielt

Ferienträume

1. Juni: Das ist ein angenehmes Datum, denn bald sind Ferien. Fritz träumt schon davon:
Am 25. Juni werden sie in aller Frühe zum Flughafen fahren. Vater, Mutter und er. Der erste Flug in seinem Leben! Der Urlaub am Meer wird drei Wochen dauern. Jeden Tag wird er schwimmen und ...
Es klopft. Mutter kommt herein. „Zeig' mir jetzt mal dein Aufsatzheft!" Au Backe!
„Gerade hab' ich es noch auf den Tisch gelegt. Jetzt ist es weg. In der Schule habe ich es bestimmt eingepackt."

War das gestern ein schwarzer Tag. Die Klasse schrieb einen Aufsatz, alle legten los, nur Fritz fiel nichts ein. Immerzu dachte er an die Ferien.

> Das kommt davon, wenn man immer an etwas denkt, das noch gar nicht da ist, das erst sein *wird*.
> Fritz plant voraus, er träumt von einer *Zeit*, die er erst einmal später erleben wird, von der _____

Setze richtig ein:

Sie *werden* zum Flughafen *fahren*.

Der Urlaub _____ drei Wochen _____.

Jeden Tag _____ er _____.

Das Verb in der Grundform + werden drückt die _____ aus. Dazu sagt man auch *Futur*.

Leider *sitzt* er *jetzt gerade* immer noch am Schreibtisch, die Mutter
_____ , sie _____ : „_____ mir dein Aufsatzheft!"
Was Fritz erträumt, ist Zukunft, was *im Augenblick* geschieht, nennt
man _____ . (Präsens)
Wenige Augenblicke vorher _____ er sein Heft auf den Tisch
_____ . In der Schule _____ er es bestimmt
_____ .

Aber das ist jetzt vergangen und schon *vollendet*.
Diese Zeit nennt man die _____ Gegenwart.
(Perfekt)
Was *gestern* war, daran denkt Fritz *heute* ungern zurück:
Die Klasse _____ einen Aufsatz. Alle _____ los, ihm
aber _____ nichts ein. Er _____ an die Ferien.
Daran kann er nichts mehr ändern, das ist längst *vergangen*, es geschah
in der _____ .
Diese Zeit heißt auch Präteritum.
Perfekt und Futur können unsere Verben nicht allein ausdrücken, sie
nehmen eine kleine Gruppe von *Zeitwörtern* zu *Hilfe,* diese heißen
_____ .

Präsens	Präteritum	Perfekt	Plusquamperfekt	Futur I	Futur II
ich esse	ich aß	ich habe gegessen	ich hatte gegessen	ich werde essen	ich werde gegessen haben
ich fahre	ich fuhr	ich bin gefahren	ich war gefahren	ich werde fahren	ich werde gefahren sein

Merke: haben, sein, (bin, ist) und werden sind Hilfszeitwörter.

Das geteilte Prädikat

① Stelle diesen Satz um und achte darauf, was aus dem Verb „anmalen" geworden ist!

(1) Birgit malte ihren Kleiderschrank ganz bunt an.

Da das zusammengesetzte Verb im Satz auseinandergerissen wird, kann man von einem geteilten Prädikat sprechen. Dieses letzte Wort ist Teil des Prädikates. Male beide Teile des Prädikates blau an!

② Auch in einem anderen Falle ist das Prädikat geteilt. Stelle wieder zuerst den Satz um!

(2) Harald wird im Herbst in das Gymnasium gehen.

Aus dem Verb „gehen" wurde hier das Prädikat „wird gehen". Ein Teil des Prädikates bleibt auf der 2. Stelle, der andere Teil steht immer an letzter Stelle im Satz.

③ Prüfe, ob das auch stimmt, wenn man im Satz (2) statt „wird gehen" folgende Prädikate nimmt: „will gehen", „kann gehen", „muß gehen".

Vorgangs- und Zustandssatz

(1) Der Hund bellt.
(2) Der Hund bellt den Briefträger an.

① Vergleiche die beiden Sätze! Wie lautet das Prädikat im ersten Satz? Wie lautet es im zweiten? Richtig, im zweiten Satz ist das Prädikat zweigeteilt. Es heißt „anbellen". Den ersten Satz kann man sprechen, auch wenn gerade gar kein Hund bellt. Er will nur sagen: Hunde können bellen. Oder: Hunde bellen, sie wiehern nicht.
Solche Sätze schildern eigentlich keine Vorgänge, sie sagen eher, wie etwas ist. Man nennt sie *Zustandssätze*.

② Gib bei den folgenden Sätzen an, ob sie einen Vorgang schildern oder einen Zustand!

(3) Das Kind schläft.	Zustand
(4) Kurt läuft nach Hause.	Vorgang
(5) Der Wind weht.	
(6) Das Auto fährt.	
(7) Peter fährt den Wagen zur Werkstätte.	
(8) Fische können schwimmen.	
(9) Die Blume blüht.	
(10) Harald pflanzt den Stock um.	

③ Nicht immer gibt also das Prädikat ein wirkliches Tun an. Es schildert oft nur einen Zustand. Bilde selbst einige Sätze nach dem Muster „Der Hund bellt."!

Wortfelder

Sonntagsspaziergang

Familie Baumann geht spazieren.
„Hans, saus' nicht so, wir kommen nicht mehr mit!"
„Ach, der rennt immer so!", meint Lisa.
„Ja, ja", jammert Klaus, „auf dem Schulweg läuft er mir immer davon!"
„Was habt ihr nur, ich gehe immer so!"

Wie Hans *geht*, bezeichnet jeder anders:

gehen

Denk daran, daß man langsam oder schnell, laut oder leise oder auf besondere Art „gehen" kann!

Lege so ein großes Feld auch vom Verb „sagen" an!

sagen

Alle Wörter in diesem Feld drücken etwas Ähnliches wie „sagen" aus.

Man nennt es ein _____

Bilde weitere Wortfelder um „sehen" und „essen"!

Leerstellen des Verbs

Fragen, Fragen

① Wer aus einem Zuruf nur das Wort „brachte" heraushört, weiß natürlich nicht, was gemeint ist. Er müßte zurückfragen.

Welche Fragen würdest du stellen? (Kreuze an!)
- ○ Sag mir, wohin etwas gebracht worden ist?
- ○ Wem wurde da etwas gebracht?
- ○ Wer brachte etwas?
- ○ Wurde ein Geschenk gebracht?
- ○ Wurde einem Kind ein Buch gebracht?
- ○ Wer hat wem was gebracht?
- ○ Hat jemand ein Paket gebracht?
- ○ _____

② Eine dieser Fragen führt wohl am schnellsten zu einer vollständigen Antwort. Schreibe sie hier auf!

_____

(Es ist die 6. Frage!)

③ Es gibt viele Fragewörter:
Wie, was, wem, wohin, wann, wer, wo, wen, warum, wozu, womit ...?

Wenn man aus einer Rede nur das Prädikat „brachte" hört, sind die wichtigsten Fragewörter ☐ ☐ ☐

④ Welche Fragewörter würdest du verwenden, wenn du nur „liest" gehört hast? ☐ ☐

⑤ Welche Fragewörter helfen dir bei „fragte"?

☐   fragte   ☐   ☐ ?

⑥ Du siehst also, die Art und die Anzahl der Fragewörter hängen davon ab, welches Verb als Prädikat verwendet wird. Es gibt sogar Verben, die nur ein Fragewort zulassen.

☐ miaut? (Und darauf gibt es auch nur eine Antwort. Oder?)

Übungen

Auf dieser Seite findest du nur Prädikate. Schreibe in die Kästchen die jeweils wichtigsten Fragewörter, die zu einer raschen Antwort verhelfen!

☐	... schläft?	☐	... bellt?
☐	... hat angerufen?	☐	... wiehert?
☐	... tickt?	☐	... hört zu?
☐	... trifft ...	☐	?
☐	... hat ...	☐	... geholfen?
☐	... will ...	☐	... fotografieren?
☐	... führt ...	☐ ... ☐	?
☐	... verbietet	☐ ... ☐	?
☐	... sendet ...	☐ ... ☐	?
☐	... fährt ...	☐ ... ☐	?

Aufgabe:
Du hast sicher herausgefunden, daß es ein Fragewort gibt, das man fast immer braucht.

Es ist das Wort ☐

Male alle Kästchen mit diesem Fragewort rot an!

Das Subjekt

Die Täter

① Schneide dir ein Kärtchen aus Papier oder Pappe zurecht, das etwa so groß ist wie die Kästchen auf dieser Seite. Bemale es rot und schreibe deutlich das Fragewort

| WER? | darauf!

② Lege nun dieses Kärtchen auf jedes dieser Kästchen!

| Gisela | warf | ihre Puppe | auf die Straße |

Findest du nicht auch, daß das rote Kärtchen zu einem dieser Satzteile ganz besonders gut paßt? Warum wohl? (Kreuze an!)
○ Weil sie gleich groß sind.
○ Weil dieser Satzteil die Antwort auf die Frage gibt.

Rahme nun diesen Satzteil auch rot ein oder male das ganze Kästchen rot aus!

③ Versuche auch bei diesen Sätzen herauszufinden, welcher Satzteil die Antwort auf die Frage | WER? | gibt und male ihn dann rot aus!

Gestern	kam	mein Vater	mit dem neuen Auto.
Ich	ließ	einen Freudenschrei	los.
Die ganze Familie	rannte	erregt	in den Hof.
Dann	bestaunten	wir alle	das Glitzerding.

④ Male nun die Kästchen mit den Prädikaten blau aus. Achtung! Einmal findest du ein getrenntes Prädikat.

43

Übungen

Auf dieser Seite findest du viele Einzelsätze. Suche zuerst die Prädikate und male sie blau aus (Denke daran, daß das Prädikat manchmal getrennt ist!)!
Dann nimmst du dein rotes Kärtchen und suchst die Satzteile, die Antwort auf die Frage | WER | geben. Male sie rot aus!

Jens	zeigte	dem Fremden	den Weg.
Später	kam	Manuela	zum Spielen.
Sie	stießen	den Baumstamm	ins Wasser.
Letzte Woche	schnitzte	Peter	ein Rindenboot.
Wir	suchten	ihn	überall.
Gabi	hat	den Braten	gerochen.
Mir	gefiel	das Buch	sofort.
Ich	bin	heute	ganz allein.
Niemand	hilft	mir	bei der Hausaufgabe.
Großvater	schläft	beim Fernsehen	am besten.
Anschließend	spielte	Susanne	auf der Gitarre.

Pronomina

Herr Direktor persönlich!

Ein aufgeregter Besucher stürzt ins Büro. Er schreit die Sekretärin an: „Ich möchte Herrn Direktor Kurz sprechen – ich will ihn persönlich jetzt sprechen!" Die Sekretärin ärgert sich – warum schreit der sie so an? „Im zweiten Satz hätten Sie sich ein Wort sparen können", gibt sie schnippisch zurück, „und Sie können ihn trotzdem sprechen!"

Der Besucher ist verdutzt – welches Wort?

Der Besucher	will	Herrn Direktor Kurz	sprechen,
	will		jetzt sprechen.

Setze Wörter ein, die sich auf die soeben erwähnte Person beziehen, ohne noch einmal den Namen zu nennen.

Diese Wörter stehen *für* ein eben genanntes *Wort*, anstelle einer *Person*, sie heißen

_____ _____ (Personal-Pronomina,

Singular: das Personal-Pronomen)

Welche *Personen* sind mit diesen Wörtern gemeint?

Sprecher	*Angeredeter*	*eine dritte Person*
1.	2.	3.

ich	wir	du	ihr	er sie es	sie
(mir, mich) einer spricht von sich	(uns) einer spricht für viele oder mehrere sprechen von sich	(dir, dich) einer spricht einen anderen an	(euch) einer spricht mehrere an	(ihm ihr ihn) man spricht über jemand	(ihnen) man spricht über jemand
Singular	Plural	Singular	Plural	Singular	Plural

Streit um die Hefte

Klaus schreit: „Du, Peter, das ist nicht mein Heft, das ist dein Heft!" „Das ist nicht sein Heft", sagt Walter. „Wir werden doch noch unsere Hefte kennen", meint Willi. „Schreibt doch die Namen auf eure Hefte", rät Susi. „Wenn die beiden ihre Hefte endlich hätten, könnten wir anfangen", ruft der Lehrer.

Wenn eine Person von ihrem Eigentum spricht:	Wenn mehrere Personen von ihrem Eigentum sprechen:
mein Heft	unsere Hefte

Wenn du zu einer Person über ihr Eigentum sprichst:	Wenn du zu mehreren Personen über ihr Eigentum sprichst:
dein Heft	eure Hefte

Wenn man über das Eigentum einer anderen Person spricht:	Wenn man über das Eigentum anderer Personen spricht:
sein, ihr Heft	ihre Hefte

Das sind *Wörter*, die *für* ein Namenwort stehen z. B. anstelle einer Person:

Peters Heft ———— Heft

Susis Heft ———— Heft

und den Besitz anzeigen. Sie heißen besitzanzeigende *Fürwörter* (besitzanzeigende Pronomina).

Subjekte

WER ist der „Täter"?

① Julia hat diesen Satz so unvollständig gehört: „... schaute ihn ganz verdutzt an."
Nun weiß Julia nicht, _____ da etwas getan hat. Sie weiß nicht,
☐ der „Täter" war. (Schreibe in das Kästchen das Fragewort!)

② Überlege, wer es gewesen sein könnte. Unterstreiche die möglichen „Täter" rot!

> Der alte Mann, Kurt, ein Regenwurm, Elisabeth Gerber, sie, am Ofen, Frau Miller, der Polizist, zum Kuckuck, Großmutter, seine Schwester, der Hund, das Flugzeug, er, in die Tasche, der blinde Mann, auf die Blume, Carola.

③ Einige dieser Ausdrücke passen nicht in den Satz

(1) | | schaute | ihn | ganz verdutzt | an.

○ weil sie etwas nennen, was gar nicht schauen kann.

  Schreibe hier ein Beispiel aus Aufgabe 2: _____

○ Andere passen nicht, weil sie eine ganz andere Form haben.

  Schreibe hier ein Beispiel: _____

○ Einige Ausdrücke passen und bestehen aus einem kurzen Wort.

  Schreibe hier ein Beispiel: _____

○ Einige Ausdrücke passen und nennen nur einen Namen.

  Schreibe hier ein Beispiel: _____

○ Einige Ausdrücke passen und bestehen aus Artikel und Namen.

  Schreibe hier ein Beispiel: _____

○ Einige Ausdrücke passen und bestehen aus drei Wörtern.

  Schreibe hier ein Beispiel: _____

④ Der Teil des Satzes, der den „Täter" nennt, der sagt, wer das bewirkt, was im Satz geschieht, wird *Satzgegenstand* genannt. Häufig verwendet man auch den Ausdruck *Subjekt*. Schreibe diese beiden Ausdrücke hier noch einmal auf!

⑤ Wir verstehen eine Rede also nur, wenn wir alle Satzteile hören. Zwei dieser Satzteile kennen wir schon.

Der eine sagt uns, was in einem Satz geschieht. Wir nennen

ihn [ ] oder [ ]

Der andere Satzteil sagt uns, wer das tut, was geschieht. Man nennt

ihn [ ] oder [ ]

⑥ Übung

(2) | Der Postbote | übergab | mir | ein Telegramm. |

Das Prädikat (P) heißt hier: [ ]

Das Subjekt (Sj) heißt hier: [ ]

(3) | Heute | hat Daniel | seinen Freund | mitgebracht. |

Das P heißt hier: [ ]

Das Sj heißt hier: [ ]

(4) | Den ganzen Tag verbrachte Jochen in der Baumhütte. |

P: [ ]   Sj: [ ]

(5) | „Hurra | ich | kann | selber | Schokoladepudding | kochen!"

P ist hier zweiteilig: [ ]   Sj: [ ]

Auch im Satz (3) war das P zweiteilig. Hast du es gemerkt?

(6) | Neben mir | sitzt | gerade | Herr Heller.

P: [ ]   Sj: [ ]

⑦ Was hast du nun gelernt? (Kreuze an!)
   ○ Alle Fische können schwimmen.
   ○ Satzteile nennt man Prädikat.
   ○ Ich kenne jetzt zwei Satzteile: Prädikat und Subjekt.
   ○ Subjekte kann man essen.
   ○ Subjekte sind Satzteile, die nennen, wer etwas tut.
   ○ Prädikate sagen uns, was in einem Satz geschieht.
   ○ P malen wir blau, Sj malen wir rot.

Ortsangaben

Auf die Plätze!

(1) | Ich | habe | ihm | den Schneeball | ? | geworfen. |

① Wie heißt hier das richtige Fragewort? ☐
Schließlich muß man ja wissen, ☐ der Schneeball traf.

② Wohin könnte der Schneeball getroffen haben? Unterstreiche!

ins Gesicht, Harald, an den Kopf, in das Auge, heute abend, an den Arm, am Ohr, sehr lustig, über den Hut.

③ Satzteile, die angeben, WO etwas geschah, WOHIN etwas gelangte, WORIN etwas lag usw. nennt man *Ortsangaben*. Es gibt hier viele Fragewörter, aber alle beginnen mit ☐

④ Findest du auch in diesen Sätzen Ortsangaben? Male sie braun!

(2) | Ich | hatte | es | vorhin | noch | auf dem Fenstersims | gesehen. |

(3) | Neben mir | sitzt | nun | Sibille Krüger. |

(4) | Unser Struppi | liegt | am liebsten | unter der Couch. |

(5) | Gestern | waren | wir alle | im Hallenbad. |

(6) | Der Präsident | kam | gestern | aus Italien. |

(7) | Niemand | half | mir | heute | in der Küche. |

(8) | Er | schoß | den Federball | über den Zaun. |

(9) | Ich | lernte | ihn | in Hannover | kennen. |

⑤ Suche in diesen Sätzen auch die Prädikate (blau kennzeichnen) und die Subjekte (rot kennzeichnen)!

⑥ Ortsangaben bestehen aus mehreren Wörtern. Die ersten Wörter der Ortsangaben in den Sätzen (2) bis (9) solltest du hier als Wortreihe aufschreiben:

_____

(auf, neben, unter, …)

Solche Wörter kennst du schon. Man nennt sie

(Verhältniswörter)

⑦ Manche Ortsangaben sind schwer zu erkennen.
„Wo hat sie sich diese Wunde denn zugezogen?"
„Es muß *beim Spielen* gewesen sein." (Gemeint: Auf dem Spielplatz, am Zaun, am Bach, im Keller, wo halt gespielt wird.)

Zeitangaben

Wann war das nur?

(1) | ? | habe | ich | kein Taschengeld | bekommen. |

① Wie heißt hier das richtige Fragewort? ☐

② Wie könnte der fehlende Satzteil lauten? Unterstreiche!

> Letzte Woche, seit einem Monat, im Keller, gestern, während der Ferien, auf dem Kopf, einen ganzen Monat lang.

③ Satzteile, die angeben, WANN etwas geschah, WIE LANGE etwas dauerte, SEIT WANN etwas geschah usw. nennt man *Zeitangaben*.

④ Findest du in diesen Sätzen *Zeitangaben*? Male sie grün!

(2) | Das | habe | ich | dir | vorgestern | schon | zurückgegeben. |

(3) | Ich | habe | sie | seit zwei Wochen | nicht mehr | gesehen. |

(4) | Immer | leihst | du | dir | bei mir | den Radiergummi. |

(5) | Kannst | du | mir | das | morgen | mitbringen? |

(6) | Hol | mir | doch bitte | sofort | den Besen | aus dem Klo! |

(7) | Laß | dir | gleich mal | in den Hals | sehen! |

(8) | Morgen abend | bin | ich | zu Hause. |

(9) | Ich | kann | das | doch nicht jedesmal | wiederholen. |

⑤ Suche in diesen Sätzen auch die Prädikate (bei fünf Sätzen sind sie geteilt) und die Subjekte. Male sie blau und rot.

⑥ In zwei Sätzen befinden sich auch Ortsangaben. Male sie braun! Unsere Sätze werden also immer bunter.

⑦ Blättere nun die Seiten nach vorne. Wenn du dort in den Beispielsätzen eine Zeitangabe findest, solltest du sie auch mit grüner Farbe kennzeichnen!

⑧ Manche Zeitangaben sind schwer zu erkennen.
„*Wann* ist das denn passiert?" „Das war *beim Turnen.*"
Hier muß man also wissen, wann derjenige Turnstunde hatte. Zugleich aber gibt „beim Turnen" einen Ort – die Turnhalle oder den Sportplatz – an. Satzteile, die mit dem Wort „beim" beginnen, sind also oft Zeit- *und* Ortsangaben. Genau kann man das selten bestimmen.
Überlege, ob bei dem folgenden Beispiel ein Ort oder eine Zeit gemeint ist!

(10) Meine Eltern haben sich *beim Tanzen* kennengelernt.

Steigerung

Ein Haus wird gebaut

Klaus und Peter stehen an einer Baustelle. „Das Zweifamilienhaus bauen meine Eltern. Das wird ganz schön hoch." „Na und – ich wohne in einem Block mit zehn Stockwerken, das ist viel höher!"
„Der Angeber", denkt Klaus. Laut sagt er: „Dann zieh' doch gleich in einen Wolkenkratzer, dann wohnst du am höchsten!"

Ein Wohnhaus mit ca. acht Metern ist schon ganz schön _____

Ein Hochhaus mit zehn Stockwerken ist viel _____
Das sind ca. 30 Meter.

Der Wolkenkratzer ist am _____
In Amerika gibt es Wolkenkratzer mit hundert Stockwerken, die sind dann ca. 350 Meter hoch.

Adjektive nennen uns die Eigenschaften von Lebewesen und Gegenständen. Wir können sie miteinander vergleichen.

Grundstufe	Vergleichsstufe	Höchststufe
Ein Sportflugzeug ist _____	Die Verkehrsmaschine ist _____	Der Düsenjäger ist _____
Holz ist _____	Stein ist _____	Diamant ist _____

Bei diesen Vergleichen werden die Adjektive gesteigert.

Setze einen passenden Gegenstand ein und steigere die Adjektive!

weich   (Stoff)   _____ (_____)   _____ (Watte)

kalt   _____ _____ _____ _____

heiß   _____ _____ _____ _____

tief   _____ _____ _____ _____

54

Die Beifügung

Sag es genau!

① Wer nur einen einzigen Pulli besitzt, kann ruhig fragen:

(1) | Kann ich heute meinen Pulli anziehen?

Wer aber mehrere Pullis besitzt, muß sich genauer ausdrücken:

(2) | Kann ich heute meinen dicken (bunten, blauen ...) Pulli anziehen?

Vergleiche die beiden Beispiele! Welche Antwort stimmt?
- Wenn es kalt ist, muß man sich warm anziehen.
- Wenn man von einer Sache spricht, von der es mehrere gibt, muß man die Sache genauer bezeichnen. Man tut dies oft, indem man ein Wort beifügt, das sagt, wie die Sache ist.

② Unterstreiche hier die *Beifügungen!*

(3) Mir gefällt die dunkelbraune Hose am besten.
(4) Gestern war ein besonderer Nachmittag.
(5) Hätte ich ihr doch das neue Lineal nicht gegeben!
(6) Dem haben wir eine kitschige Postkarte geschickt.

③ Man kennzeichnet aber nicht nur Sachen genauer, sondern auch Personen: Ein *kleines* Kind, ein *alter* Mann, ein *schrulliger* Kerl, eine *welke* Blume, ein *dürrer* Zweig, ein *spannendes* Buch usw. Sieh dich ein wenig um und schreibe hier noch einige Ausdrücke mit *Beifügungen* auf!

④ Was geschieht wohl mit der Beifügung, wenn der Satz umgestellt wird? Stelle diesen Satz um und verfolge, was mit der Beifügung geschieht! (Schreibe die Wörter abgekürzt!)

(7) | Uns ist gestern ein grüngelber Wellensittich zugeflogen.

_____
_____
_____

⑤ Du hast sicher herausgefunden, daß die Beifügung immer bei dem Namenwort bleibt, das es näher kennzeichnet. Die Beifügung ist deshalb kein eigener Satzteil. Ja, Beifügungen könnten eigentlich in jedem Satzteil stehen. Das würde dann etwa so aussehen:

(8) | Die neunjährige Renate malte für ihre neugierige Tante ein rätselhaftes Bild.

Was meinst du zu diesem Satz? Kreuze an!
○ Der Satz gefällt mir.
○ Man sollte nicht zu jedem Satzteil etwas beifügen. Das wirkt unnatürlich.
○ Beifügungen sollte man nur dort verwenden, wo man etwas wirklich genau kennzeichnen muß.

⑥ Überlege, welche Beifügungen hier überflüssig sind!

(9) | Als der kleine Hund genug an dem alten Schuh genagt hatte, kroch er unter das lederne Sofa und schloß seine braunen Augen.

⑦ Beifügungen sind meist *Adjektive* (Eigenschaftswörter):

Ausdruck	Wie ist das?
ein bequemer Stuhl	bequem
die scharfe Kante	

⑧ Mitunter sind auch *Partizipien* (Mittelwörter) beigefügt:

Ausdruck	Die Beifügung kommt von
lachende Kinder	lachen
krachende Türen	

Fallformen

Leseratten

Peter liest ein Buch. Hans fragt ihn: „Kann ich auch eines haben?" „Nimm das gelbe Buch dort."
„Du, das muß ja ein spannender Krimi sein!"
„Mein Vater liest das Buch gerade."
„Hast du es ihm weggenommen?"
„Ja, mein Vater muß seine Nerven schonen."

Kannst du die Tabelle ergänzen?

Wer?		*Wen?* (Was?)
_____	liest	_____
_____	fragt	_____
_____	liest	_____
_____	muß	_____

Sprich dazu:

Frage: Wer liest ein Buch?   *Frage:* Peter liest wen oder was?

_____ liest ein Buch.   Peter liest _____

Namenwörter spielen in einem Satz eine bestimmte Rolle.

Wörter, die auf die	**Wer-Frage**	antworten, spielen die
	Wer-Rolle	**(Wer-Fall)**
Sie stehen im	**1. Fall**	**(Nominativ)**

Wörter, die auf die	**Wen-Frage**	antworten, stehen im
	Wen-Fall.	
Man nennt ihn	**4. Fall**	**(Akkusativ)**

Wem schenkt man was?

Bei Familie Neumann haben alle in einem Monat Geburtstag. Susi überlegt: Dem Vati will sie ein Buch kaufen. Der Oma würde eine Flasche Traubensaft gut tun. Ihrem Bruder möchte sie ein Puzzle schenken, der Mutti eine Schürze.

Wem von deinen Verwandten oder Bekannten könntest du folgende Dinge schenken?

    dem Vater   eine Pfeife

    _____   einen Bierkrug

    _____   eine Tischdecke

    _____   ein Kistchen Zigarren

    _____   eine Flasche Wein

    _____   ein Kartenspiel

    _____   ein Stofftier

Und *wem* gibst du das?

    _____   eine fette Maus

    _____   einen Regenwurm

    _____   einen Frosch

    _____   einen Knochen

    _____   eine dicke Fliege

    _____   ein Stück Zucker

Deine Antworten auf die **Wem-Frage** stehen im **Wem-Fall.** Es sind Namenwörter im **3. Fall (Dativ).**

Mutters neue Vase

Vater kommt nach Hause. Im Hausgang liegt Mutters neue Vase in tausend Scherben. Erst gestern hat er sie ihr zum Geburtstag geschenkt.
„Wer hat Mutters Vase umgeworfen?" ruft er. Die schüchterne Stimme Manuelas ist zu hören: „Ich war's nicht."
Peters Antwort klingt überzeugender: „Ich war es bestimmt nicht." „Alle her zu mir! Der Übeltäter kauft vom Taschengeld eine neue Vase!"
Da lachen die Kinder: „Das Taschengeld der Katze wird wohl nicht reichen!"

Für
Mutter[s] Vase kannst du auch sagen die Vase _____

Manuela[s] Stimme _____

Peter[s] Antwort _____

Zu wem etwas gehört, in wessen Besitz etwas ist, erfährst du, wenn du fragst:

Wessen Vase?   Antwort: Die Vase [der Mutter]
                      oder: [Mutters] Vase

Lies laut:
Wessen Stimme?   Die Stimme [der Manuela]
Wessen Taschengeld?   Das Taschengeld [der Katze]

Wörter, die auf die **Wessen-Frage** antworten, stehen im **Wessen-Fall.**
Er heißt **2. Fall (Genitiv)**

Objekte

Wen meinst du denn?

(1) | Andreas hat | ? | nirgends gefunden. |

(2) | Vorher traf Ute | ? | |

① Hier weiß man nicht, [ ] Ute traf. Bei Andreas könnte es sein, daß er eine Person gesucht hat. Dann paßt das Fragewort [ ]. Hat aber Andreas nach einer Sache gesucht (Lineal, Messer ...), dann fragt man, [ ] er gesucht hat.

② WEN oder WAS hat Andreas wohl gesucht? Unterstreiche!

seinen Pudel, seine Geldbörse, den Mann, der Pinsel, das Hüpfseil, das Werkzeug, den Goldhamster, die Maske, der Vater, die Bälle, auf dem Dach, den Goldschatz,

③ „der Pinsel" paßt nicht in den Satz. Falls er ihn gesucht hat, müßte es heißen „Andreas hat [ ] Pinsel nirgends gefunden."

Auch „der Vater" paßt nicht, es sei denn, der Vater hat gesucht. War aber Andreas der Suchende, müßte es heißen „Andreas hat [ ] Vater nirgends gefunden."

Immer, wenn wir mit WEN fragen, wird aus „*der* Pinsel" die Form „*den* Pinsel", wird aus (übe weiter!)

der Roller   [ ]   Roller

der Kater   [ ]   Kater

der Freund   [ ]   Freund

der Lehrer   [ ]   Lehrer

④ Anders ist es bei den Wörtern mit den Artikeln „die" und „das". Hier ist die Wen-Form gleich der Wer-Form. Prüfe dies nach!

> *Wer* ist draußen?   *Wen* siehst du?
> die Katze   die Katze
> das Fahrrad

⑤ Der Satzteil, der auf die WEN/WAS-Frage Auskunft gibt, nennt man Wen-Ergänzung (Ergänzung im 4. Fall, Akkusativobjekt). Schreibe die Bezeichnung, die man bei dir in der Schule verwendet, hier auf!

⑥ Bei diesen Sätzen fehlt die Wen/Was-Ergänzung. Denke dir eine geeignete aus und schreibe sie dazu!

> (3) Barbara begrüßte
> (4) Jochen kann   nicht leiden.
> (5) Anke malte   auf das Blatt.

⑦ Findest du auch in diesen Sätzen die Satzteile, die auf die Wen/Was-Frage Auskunft geben? Male diese Satzteile *gelb* aus!

> (6) Hans streichelte sein Kätzchen während des Films.
> (7) Andrea rief am Abend Frau Kortmann an.
> (8) Elisabeth zerriß ihre Zeichnung wieder.
> (9) Er hätte ihn beinahe nicht wiedererkannt.
> (10) Pia hatte sie ausdrücklich davor gewarnt.
> (11) Später gab er ihm das Schiff wieder zurück.
> (12) Einen schicken Mantel hast du dir da ausgesucht!
> (13) Kennst du diesen Film auch schon?

⑧ Bei Satz (6) lautet die Frage: Wen/Was streichelt Hans?
Wie lauten die Fragen bei Satz (10) und (13)? Schreibe sie auf!

⑨ Was hast du nun gelernt? Kreuze an!
○ Die 4.-Fallergänzung nennt man auch Akkusativobjekt.
○ Die Wen/Was-Ergänzung kann man auch weglassen.
○ Die Wen/Was-Ergänzung muß nach manchen Verben unbedingt stehen (zum Beispiel: Ich sehe ...).

Wem gehört das?

(1) | Er nahm | ? | alle Spielzeuge | weg |

① Hier weiß man nicht, [____] die Spielzeuge weggenommen wurden. Hier fehlt also ein Satzteil, der auf die Frage [____] ? Auskunft gibt. Diesen Satzteil nennt man Wem-Ergänzung (Ergänzung im 3. Fall, Dativobjekt). Schreibe die Bezeichnung, die man in deiner Schule verwendet, hier auf!

[_____]

② Wem wurde das Spielzeug weggenommen? Hier stehen einige Möglichkeiten. Unterstreiche, was passen könnte. Manche Ausdrücke stehen nicht im dritten Fall. Man kann sie so also nicht verwenden. Streiche sie durch!

der Kleinen, der junge Hund, dem Äffchen, Thomas, ihr, der kleinen Martina, sie, ihm, der Bruder.

③ Hier kannst du nochmals die Fallformen üben!

1. Fall (Nominativ) *Wer* liegt da?	4. Fall (Akkusativ) *Wen* siehst du?	3. Fall (Dativ) *Wem* gehört das?
der Junge die Freundin	den Jungen	dem Jungen
	das Mädchen	
die Tiere		den Leuten

62

④ Hier fehlen die Wem-Ergänzungen. Denke dir einige aus und schreibe sie dazu!

(2) Man kann es		nicht recht machen.
(3) Annette gab		schüchtern die Hand.
(4) Gib		doch mal die Schlüssel!
(5) Hast du		wieder alles weggegessen?
(6) Willst du		nicht helfen?

⑤ Diese Sätze haben Wen/Was- und Wem-Ergänzungen. Male die Wen/Was-Ergänzungen gelb, die Wem-Ergänzungen rosa aus!

(7) Lisa gab ihm gestern den Stift zurück.
(8) Der Arzt empfahl Alexandra einen guten Tee.
(9) Der Maler streicht uns die Küche neu.
(10) Markus schenkte Ellen den ganzen Kasten.
(11) Herr Naser reparierte mir die Brille.
(12) Er trug Frau Rieder die Tasche ins Haus.
(13) Der Frisör schnitt ihr die Haare zu kurz.
(14) Sie kochte ihnen ihre Leibspeise.

Artangaben

Auf welche Art und Weise?

(1) | Dort | wurde | Manuela | dann | ? | untersucht. |

① Natürlich könnte der hier fehlende Satzteil auch „im Hals" (Ortsangabe) oder „zwei Stunden lang" (Zeitangabe) lauten. Der Sprecher wollte aber ausdrücken, wie (auf welche Art und Weise) Manuela untersucht wurde.
Welche Ausdrücke könnte er verwenden? Unterstreiche!

> sorgfältig, genau, gründlich, liebevoll, hungrig, rasch, kurz, lachend, neugierig, sehr planmäßig, nur oberflächlich.

② Wenn du diese Ausdrücke vergleichst, fällt dir sicher auf, daß sie auch wie Adjektive (Eigenschaftswörter) und Partizipien (Mittelwörter) etwas genauer kennzeichnen. Diesmal aber sind es keine Beifügungen (zu einem Namenwort). Sie kennzeichnen nämlich das Prädikat. Sie sagen, wie das geschieht, was das Prädikat ausdrückt. Deshalb nennt man sie Adverbien (zum Verb gehörend).
Unterstreiche in folgenden Sätzen die Wörter, die aussagen, wie etwas ist (Beifügung) und wie etwas geschieht (Adverb) und gib an, ob es eine Beifügung oder ein Adverb ist!

> (2) Ich gab ihm das *scharfe* Messer.   Beifügung
> (3) Er nahm es *sehr vorsichtig*.   Adverb
> (4) Dann schnitt er eine tiefe Kerbe.
> (5) Stolz zeigte er mir das Ergebnis.
> (6) Inge kam lachend ins Zimmer.
> (7) Sie hatte ganz nasse Haare.
> (8) Ich holte ihr schnell ein Handtuch.

③ Wenn man diese Sätze umstellt, bleiben die Beifügungen immer bei den Namenwörtern. Die Adverbien aber können allein umgestellt werden. Sie sind also eigene Satzteile.

Man nennt sie deshalb *Angaben der Art und Weise*.

Präpositionen

So ein Durcheinander!

Hurra, der Lehrer ist weg, eine Mordsgaudi geht los. Peter liegt auf Uwe. Hans sitzt unter der Bank. Karin schlüpft schnell in den Wandschrank. Die Tasche des Lehrers hängt an der Tafel. Der Tafellappen fliegt aus dem Fenster. Da kommt plötzlich der Lehrer: „Kann mir vielleicht jemand sagen, wo meine Tasche ist – und wo ist der Lappen? Wo ist denn Uwe, der Klassensprecher? Bekomme ich bald eine Antwort?"

In dem Klassenzimmer sieht es jetzt toll aus:

Peter liegt _____ Uwe

Hans sitzt _____ der Bank

Karin schlüpft _____ den Wandschrank

Die Tasche hängt _____ der Tafel

Der Lappen fliegt _____ dem Fenster

Schreib auf, was du in den Zeichnungen siehst. Unterstreiche so:

Peter liegt <u>auf</u> Uwe.

Merke: Diese Wörter geben dir an, in welchem *Verhältnis* **eine Person (eine Sache)** zu einer anderen *Person* (einer *Sache*) steht.

Man nennt sie _____ Wörter (Präpositionen)

Such mal schnell!

Die Kinder spielen Verstecken. Karin sucht und sucht – die haben sich aber gut versteckt! Niemand findet sie, da gibt sie auf.
„Wenn ihr mir jetzt sagt, wo ihr wart, dann such ich noch zweimal!"
„Ich war in dem alten Faß!"
„Ich bin im Treppenhaus!"
„Ich war hinter der Mauer!"
„Ich bin hinter den Schuppen gelaufen!"
„Ich bin auf den Baum geklettert!"
„Ich war auf den Holzbrettern!" „Und ich komme aus dem Haus!"
Ganz schön raffiniert von Karin – die besten Verstecke weiß sie jetzt:

WO waren die Kinder versteckt?   WOHIN sind sie gelaufen
WOHER kamen sie?   und geklettert?

Setze ein:

in dem alten Faß   in den _____

hinter der _____   hinter _____ Schuppen

auf den _____   auf _____

aus dem _____

Karin sucht noch einmal. Sie erinnert sich:

einer war im Treppenhaus
schnell dreht sie sich um –
einer saust gerade in das Treppenhaus

Vergleiche nun auch die Artikel, die bei den anderen Substantiven stehen:

er sitzt in dem alten Faß   er kriecht in das alte Faß
sie sitzt hinter der Mauer   sie saust hinter die Mauer
er sitzt auf dem Baum   er klettert auf den Baum

in, hinter, auf WEM?   in, hinter, auf WEN?

Erinnere dich:

Substantive, die auf die Frage │ WEM │ oder was? Antwort geben,

stehen im _____

Substantive, die auf die Frage │ WEN │ oder was? Antwort geben,

stehen im _____

│ WER? WEN? WEM? WESSEN? │ │1. Fall 4. Fall 3. Fall 2. Fall │

Merke:
Präpositionen können nach sich den 3. oder den 4. Fall verlangen, je nachdem, ob man nach der Ortsangabe
WO? WOHER? (3. Fall) oder **WOHIN? (4. Fall)** fragt.

Es gibt noch andere Präpositionen: nach diesen steht der 2. Fall.

während des Essens war er still
statt des Spielzeugs kaufte er ein Buch
wegen der Hausaufgabe verspätete sie sich

aufgrund _____

infolge _____

Suche noch weitere Präpositionen und bilde Sätze nach dem folgenden Beispiel:

Die Katze liegt │ neben dem Bett. │
Er stellt die Tasche │ neben den Tisch. │

unter, an, zwischen, über _____

_____

_____

Begründungsangaben

Warum nur?

> (1) Monika kann *wegen ihres starken Hustens* nicht zur Schule.
> (2) Sie sind *trotz des Regens* gekommen.

① Die beiden unterstrichenen Satzteile geben an, [____], Monika nicht zur Schule kann, [____] sie trotzdem gekommen sind.

Durch die Warum-Frage erfahren wir also den Grund für ein Tun, für einen Vorgang. Diesen Satzteil nennt man deshalb Begründungsangabe oder Angabe des Grundes.

② Suche in diesen Sätzen die *Begründungsangaben* und male sie lila aus!

> (3) Vor lauter Angst konnte sie nicht antworten.
> (4) Die Maschine arbeitete aus Ölmangel ungenau.
> (5) Sie wurden durch ein Gewitter aufgehalten.
> (6) Er kam trotz seiner Fußverletzung mit.
> (7) Aus diesem Grunde kommt Thomas erst morgen.
> (8) Der Unterricht fällt wegen der großen Hitze aus.

③ Häufig wird die Begründungsangabe in einen eigenen Satz umgebaut:

> (3 a) Sie konnte nicht antworten, *weil sie Angst hatte*.

Baue auch die Begründungsangaben von Satz (5) und (8) in einen Weil-Satz um!

> (5 a) Sie wurden aufgehalten, weil _____
> (8 a) Der Unterricht fällt aus, _____

④ Kannst du aber auch Weil-Sätze in Begründungsangaben umwandeln? Versuche es!

> (9 a) Weil er Hunger hatte, stahl er den Karton.
> (9) Er stahl den Karton _____

Wie bestimmt man Satzteile?

Gewußt wie

① Christina soll als Hausaufgabe die Teile dieses Satzes bestimmen:

| Eben biegt der Mann von der Straße in den Hof ein. |

Früher hat Christina mit diesen vielen Wörtern nichts anfangen können. Jetzt weiß sie, wie sie vorgehen muß:
Damit sie erfährt, wie viele Satzteile es sind und wie diese aussehen, stellt sie den Satz, so oft es geht, um:

| Der Mann biegt eben von der Straße in den Hof ein. |

| V.d.S. | b. | d.M. | e. | i.d.H. | ein. |

| I.d.H. | b. | d.M. | e. | v.d.S. | ein. |

Es sind also 5 Satzteile, das Prädikat ist geteilt. Nun ist das Prädikat leicht zu finden, denn es ist der einzige Satzteil, der im Aussagesatz immer an den gleichen Stellen bleibt (hier: 2. und letzte Stelle):   biegt ... ein.

Das Subjekt antwortet auf die Frage WER? Christina fragt also: „Wer biegt ein?"

Die Antwort: | der Mann | (= Subjekt). Nun überlegt sich Christina, welche Fragen für die Ergänzungen passen:

WOHER biegt der Mann ein? | von der Straße | (= *Ort*sangabe)

WOHIN biegt der Mann ein? | in den Hof | (= *Ort*sangabe)

WANN biegt der Mann ein? | eben | (= *Zeit*angabe)

69

② Noch leichter geht es mit Stefans Satzteil-Tabelle.

Gerd	hat	gestern	seine Schultasche	bei Horst	vergessen.
S.S.	hat	Gerd	gestern	bei Horst	vergessen.
WEN?	hat	WER?	WANN ?	WO ?	vergessen.
O_{Akk}	Pk	Sj	Zeitangabe	Ortsang.	Pk

③ Wenn du Stefans Tabelle genau ansiehst, fallen dir zwei Dinge auf:
  ○ Stefan hat in der letzten Zeile zur Bezeichnung der Satzteile einige Abkürzungen verwendet. Bei ihm heißt Pk = Prädikat, Sj = Subjekt, O_{Akk} = Akkusativobjekt.
  ○ Die Reihenfolge der Satzteile stimmt in der letzten Zeile nicht mehr mit der Reihenfolge im 1. Satz überein.

Deshalb hat Stefan später die Tabelle etwas geändert (Vgl. ④).

C.	soll	n.	b. H.	f. K.	holen.
Nachher	soll	Carola	beim Hausmeister	frischen Kleister	holen.
WANN	soll	WER	WO ?	WEN/WAS?	holen.
A_Z	Pk	Sj	A_O	O_{Akk}	P

A_Z = Angabe d. Zeit A_O = Angabe d. Ortes.

Kirsten hat sich beim Klettern das Fußgelenk verstaucht.

Hast du dich erinnert? „beim Klettern" kann sowohl Orts- als auch Zeitangabe sein. Hier müßte man wohl so abkürzen: A_{O+Z}

④ Die Reihenfolge ist also: 1. Satz in die zweite Zeile schreiben. 2. Satz umstellen (1. Zeile). 3. Senkrechte Striche ziehen, die die Satzteile abgrenzen. 4. Prädikat in die 3. Zeile schreiben. 5. Fragewörter zu den anderen Satzteilen schreiben (3. Zeile). 6. In der vierten Zeile die Bezeichnung eintragen.

Satzteil-Tabellen zum Üben

Am Freitag darf ich eine Stunde länger aufbleiben.

Niemand will bei dieser Hitze zu Hause bleiben.

Claudia holt ihre Freundin an der Straßenecke ab.

Dieter hat seinem Freund einen jungen Hamster geschenkt

Mußt du noch weiterüben? Mit einen linierten Blatt DIN A 4 kann man solche Tabellen leicht herstellen.

Das Passiv

Täter unbekannt oder unwichtig

> (1) Eben ist ein Paket abgegeben worden.
> (2) Nicole wurde vom Rad gestoßen.

① Findest du das Prädikat in beiden Sätzen? In Satz (1) besteht es aus drei Wörtern:

ist ... abgegeben worden

In Satz (2) sind es zwei Wörter. Schreibe sie hier auf:

② Du hast gelernt, daß der Satzteil Subjekt uns immer jemand nennt, der das bewirkt, was im Prädikat ausgesagt ist. Wir müßten also fragen: Wer hat das Paket abgegeben? Darauf bekommen wir aber hier keine Antwort. Offenbar ist es dem Sprecher unwichtig oder er kann den „Täter" nicht nennen. Trotzdem bekommen wir in den beiden Sätzen oben eine Antwort. Wir müssen aber fragen: *Wer* ist abgegeben worden? *Wer* wurde gestoßen? Schreibe die Antwort auf diese beiden Fragen hier auf!

③ Dies sind nun zwei besondere Subjekte: Sie handeln nicht selbst, sondern mit ihnen geschieht etwas.
Wenn Menschen mit sich etwas geschehen lassen, sagt man, daß sie sich *passiv* verhalten. Oft können sie auch nichts gegen dieses Geschehen tun, sie *müssen* sich also *passiv* verhalten. Viele Dinge können sich nicht bewegen. Sie werden bewegt, sie sind also auch *passiv*.

Suche in folgenden Sätzen solche *Passiv-Subjekte* und unterstreiche sie!

> (3) Der Brief wurde rechtzeitig in den Kasten geworfen.
> (4) Renate holte sich nochmals eine Orange aus dem Korb.
> (5) Herr Obert wurde zweimal am Knie operiert.
> (6) Zuerst müssen die Zwiebeln geröstet werden.
> (7) Die Fernsehsendung wurde zweimal unterbrochen.

④ Bei der vorigen Aufgabe ist dir sicher aufgefallen, daß in Satz (4) das Subjekt (Renate) sich nicht passiv verhält. Sie tut selbst etwas, ist aktiv. Sie ist also ein „Aktiv-Subjekt". Da aber mit Ausnahme der Passiv-Sätze alle Sätze sonst ein Aktiv-Subjekt haben, nennt man sie einfach Subjekte.
Suche in folgenden Sätzen die Subjekte und unterstreiche sie. In zwei Beispielen sind die Subjekte passiv. Rahme sie ein!

> (8) Dabei ist eine Fensterscheibe zertrümmert worden.
> (9) Sie gab den Schirm auf dem Fundbüro ab.
> (10) Der Staubsauger muß schon wieder repariert werden.

⑤ Manchmal aber gibt es Passiv-Sätze, in denen der „Täter" ausdrücklich genannt wird:

> (11) Nicole ist *von Klaus* vom Rad gestoßen worden.
> (12) Das Paket ist *von unserem Nachbarn* abgegeben worden.
> (13) Das Feuer wurde *durch einen Blitzschlag* verursacht.

Hier stehen aber die „Täter" nicht auf der Subjekt-Stelle. Die Subjekte selbst sind passiv. Unterstreiche diese!

Man kann aber diese drei Passivsätze in Aufgabe 5 so umwandeln, daß die „Täter" auf der Subjektstelle stehen. Bei Satz (11) sieht diese Umwandlung in den Aktiv-Satz so aus:

> (11 a) Klaus hat Nicole vom Rad gestoßen.

Wandle auch die Sätze (12) und (13) in Aktiv-Sätze um!

> (12 a) _____
> (13 a) _____

Im folgenden Textausschnitt sind zwei Passivsätze. Unterstreiche sie!

> Aber Gabi wollte es nicht glauben. Da wurde ihr das Bild nochmals gezeigt. Jetzt entdeckte sie das Pony hinter den Bäumen. Es wurde von einem großen Jungen geritten. Daß es das gleiche Pony war, erkannte Gabi jetzt sofort.

Peter und **der Brief**

Peter schreibt einen Brief.	Der Brief wird in einen Umschlag gesteckt.
Auf dem Postamt kauft Peter eine Briefmarke.	Sie wird in die rechte obere Ecke geklebt.
Peter wirft den Brief in den Briefkasten.	Er wird von einem Beamten geleert.
Der Beamte stempelt den Brief ab.	Er wird schnell weitergeleitet.

Unterstreiche

wer etwas mit einer Sache *tut*.   was mit einer *Sache getan wird*.

Setze ein:

Peter _____ einen Brief.   Der Brief _____ von Peter _____ .

Das Verb drückt die *Tätigkeit des Subjekts* (Peter) aus.	Das Verb drückt aus, *was mit dem Subjekt geschieht.*

Ein Verb kann im

    Aktiv   oder   Passiv

stehen

Peter *schreibt* einen Brief.   Der Brief *wird* von Peter *geschrieben*.

Bei der Umwandlung eines Satzes vom Aktiv ins Passiv tauschen *Subjekt* **und** *Objekt* **ihre Rollen.**

Übungen

Auf dieser Seite findest du Sätze mit normalen (aktiven) Subjekten und viele Sätze mit Passiv-Subjekten. Schreibe hinter jeden Satz ein a (für aktiv) oder ein p (für passiv)!

(1) Deine Hose muß unbedingt gereinigt werden.

(2) Erst nach langem Suchen fand er den Frosch.

(3) Das Haus wurde vom Blitz getroffen.

(4) Die Tiere sind eben gefüttert worden.

(5) Das Fahrrad wurde von einem Arbeiter gefunden.

(6) Der Polizist notierte sich die Namen der Zeugen.

(7) Er hat es heute schon wieder vergessen.

(8) Die Anschrift wird auf die rechte Hälfte geschrieben.

(9) Um Mitternacht mußte der Arzt gerufen werden.

(10) Er wollte unbedingt auch ein Stück haben.

(11) Zuerst wurde die Länge der Bremsspur gemessen.

(12) Miriam stürzte kopfüber in den Graben.

(13) Zum Schluß wurde ihm ein Verband angelegt.

(14) Hinter dem Haus wird morgen eine Grube ausgehoben.

(15) Peter grüßte die Leute im Haus immer freundlich.

Lösung: Aktiv-Subjekte haben nur die Sätze (2), (6), (7), (10), (12) und (15). Alle anderen sind Passiv-Sätze.

Prüfe dein Können! (Tests zum Üben)

Bestimme die *Wortarten:*

Der Vater kauft seinem Sohn eine goldene Uhr.

Der	Vater		
kauft			
seinem	Sohn		
eine	goldene	Uhr	

Bestimme die *Fälle:*

Der Vater	kauft	seinem Sohn	eine goldene Uhr

Nenne die *Wortarten:*

Am Geburtstag ließ er sie auf den Boden fallen

am	Geburtstag		
auf	den	Boden	

Bestimme die *Fälle:*

am Geburtstag		auf den Boden

Der Vater lobt den Jungen nicht. Der Vater nimmt dem Jungen die Uhr. Die Uhr hat ein zersprungenes Glas.

Ersetze die Wiederholungen durch P_____ P_____!

Der Vater lobt den Jungen nicht. _____ nimmt _____ die Uhr.

_____ hat ein zersprungenes Glas.

Nenne einige Beispiele aus der *Wortfamilie „Glas"*

_____

_____

Finde Beispiele zu dem *Wortfeld „sehen"*

_____

_____

Wandle die folgenden *Zahlwörter*

aus den	_____	um in	_____	Diese
	drei		_____	Gruppe
	zwanzig		_____	heißt
	elf		der elfte	_____
	eins		_____	_____
ein paar	_____, _____, _____			_____
heißen	_____			

Steigere die *Adjektive*
fein, jung, gut, lieb, viel. Gibt die *Stufen* an:

_____   _____   _____

_____   _____   _____

_____   _____   _____

_____   _____   _____

_____   _____   _____

Finde das *Grundwort*, der andere Teil des Wortes heißt _____:
Haustüre, Schreibtischstuhl, Ofentüre, Klavierstuhl, Schultasche, Eingangstüre, Zahnarztstuhl, Handtasche.

Grundwort: Grundwort: Grundwort:

_____   _____   _____

_____   _____   _____

Suche weitere.

Bilde *Substantive, Verben* u. *Adjektive* aus

einfach, der Tor, die Befürchtung, lesbar, die Erleichterung, lieb, beschäftigen, neu, verschließen, die Beleuchtung, befreien, kühn, wagen, der Mut, das Glück, der Vorteil, der Nachteil, die Reue, schön.

Denke an: be-, -haft, -keit, er-, -lich, -nis, -heit, -sam, -isch, -ung, -bar, ent-, -ig, ver-, -los, zer-.

Substantive	Verben	Adjektive
_____	_____	_____
_____	_____	_____

Weißt du alles vom *Verb*? Bestimme Person und Anzahl:
Der Fremde *fragt* einen Jungen nach dem Weg.

_____

In welcher *Zeitform* steht es? _____

Setze das Verb in das *Präteritum* _____

in das Futur _____

in das Perfekt _____

Im Futur und Perfekt hat sich das Verb noch andere Wörter als Hilfe

genommen, sie heißen _____

Bilde mit „fragen" und dem Hilfsverb die richtige Form.

1. Person Plural Perfekt _____

Setze den ganzen Satz
„Der Fremde fragt den Jungen" ins *Passiv* (es heißt auch _____)

_____

Der vorgehende Satz steht im _____

Kennzeichne in beiden Sätzen deutlich *Subjekt* und *Objekt*.

Wie wird das Verb „fragen" gebeugt? _____

Schreibe ein Verb der anderen Beugungsart auf, wähle Formen im Präsens, Präteritum, Perfekt:

_____

Kennst du dich mit Sätzen aus?
In dieser Zeile ist ein Satz versteckt:

| gar nicht mehr er lief gleich zu seiner Schwester sie gab |

Schreibe ihn hier richtig auf!

_____

Hier hat jemand dazwischengerufen:

| Komm doch morgen hörst du denn nicht herüber. |

Schreibe den Satz ohne Zwischenruf hier auf!

_____

Diese Wörter sind in der falschen Reihenfolge:

| doch allein kann nicht ich machen alles |

Schreibe sie hier als sinnvollen Satz auf!

___

Hier konnte man nur Teile eines Satzes hören:

| Übermorgen ... Daniel ... zu mir. |

Denke nach, was das heißen könnte und schreibe den Satz auf!

___

Stelle diesen Satz so oft wie möglich um und umrahme dann die umgestellten Satzteile!

| Kerstin holte für die Nachbarin eine Milchdose aus der Küche. |

___
___
___
___

Denke dir diese Sätze umgestellt und umrahme dann die Satzteile!

| Fährt Christian am 3. Mai wirklich nicht zum Zelten mit?
Michaels Goldhamster hatte sich in der Couch verkrochen.
Hol mir doch mal den Schraubenzieher aus dem Auto! |

Wie heißen die drei Satzarten?

_____

_____

Karin – schreiben – Brief
Bilde aus diesen Wörtern je einen Satz jeder Satzart und setze die richtigen Satzzeichen!

_____

_____

_____

Umrahme in diesen drei Sätzen die Beifügungen!

> Er wollte die neue Stange mit der groben Baumsäge kürzen.
> Irgendwo muß man den kranken Mann doch gesehen haben.
> Du solltest mir doch einen grünen Stift geben.

In diesem Textausschnitt fehlen Beifügungen. Versuche passende einzusetzen!

> Nachdem sie das _____ Ufer erklommen hatte, schüttelte die _____ Taube ihr _____ Gefieder und versuchte zum nächsten Ast zu fliegen.

Suche in diesem Satz nach Prädikat und Subjekt!

> Erst am späten Nachmittag kam Gerd von der Schule heim.

Das Prädikat lautet: _____

Subjekt ist das Wort: _____

Suche in diesem Satz die Orts- und die Zeitangabe!

> Ich habe das Heft erst vorhin im Wohnzimmer gesehen.

Ortsangabe ist: _____

Zeitangabe ist: _____

Bestimme die Satzteile!

| Könntest du nach dem Essen den Korb zu Oma bringen ? |

Könntest ... bringen   ist   _____

du   ist   _____

nach dem Essen   ist   _____

den Korb   ist   _____

zu Oma   ist   _____

Bestimme auch hier die Satzteile wie in Aufgabe 13!

| Später suchte er wegen der Schmerzen einen Arzt auf. |

Wie nennt man den Satzteil „wegen der Schmerzen"?

_____

| Er schrieb sofort die Namen der Zeugen auf einen Block. |

Schreibe in die linke Spalte die Satzteile und in die rechte die Bezeichnungen!

_____   _____

_____   _____

_____   _____

_____   _____

_____   _____

_____   _____

Kurz-Grammatik

Hier und auf den beiden folgenden Seiten findest du die wichtigsten Regeln in der Sprachlehre. Du kannst sie zum Üben und Wiederholen benützen.

A. Wortlehre

Man unterscheidet fünf Wortarten:

1. Substantive (Namenwörter) benennen Personen, Tiere, Pflanzen, Dinge oder gedachte Begriffe: Inge, Hut, Gedanke, Traum, Kind.

Substantive haben verschiedene Formen:
a) *Einzahlform (Singular)* oder *Mehrzahlform (Plural)*: Buch, Bücher.
b) *Fallformen:*
   Wer-Fall (1. Fall, Nominativ): der Schuh, die Schuhe
   Wessen-Fall (2. Fall, Genitiv): des Schuhes, der Schuhe
   Wem-Fall (3. Fall, Dativ): dem Schuh, den Schuhen
   Wen-Fall (4. Fall, Akkusativ): den Schuh, die Schuhe

2. Verben (Zeitwörter, Tuwörter, Tunwörter) sagen über Vorgänge oder Zustände aus. Sie treten in zwei Formen auf:

a) *Personalform:*
   1. Person (Einzahl, Mehrzahl): ich seh*e*, wir seh*en*
   2. Person (Ein-, Mehrzahl): du s*ieh*st, ihr seh*t*
   3. Person (Ein-, Mehrzahl): er, sie, es s*ieh*t, sie seh*en*
b) *Zeitform:*
   Gegenwart (Präsens): ich esse
   Vollendete Gegenwart (Perfekt): ich habe gegessen.
   Vergangenheit (Präteritum): ich aß.
   Vollendete Vergangenheit (Plusquamperfekt): ich hatte gegessen
   Zukunft (Futur I): ich werde essen
   Vollendete Zukunft (Futur II): ich werde gegessen haben

3. Adjektive (Eigenschaftswörter) und Adverbien geben an, wie etwas ist (Adjektiv) oder wie, wann, wo etwas getan wird (Adverb).

   der *klapprige* Wagen   sie schreibt *flüssig*   sie kommt *morgen*

   Adjektive stehen oft auch in *Steigerungsform:*
   Grundstufe: hoch, *Vergleichsstufe:* höher, *Höchststufe:* am höchsten.

4. **Präpositionen (Verhältniswörter)** geben an, in welchem Verhältnis Personen und Dinge zueinander stehen: vor, auf, über.

5. **Artikel und Pronomen sind Begleiter und Stellvertreter für Substantive.**

Artikel (Geschlechtswörter) geben das sprachliche Geschlecht an: männlich, weiblich, sächlich: d*er* Kopf, *die* Blume, *das* Tuch.
Steht das Substantiv in einer Fallform, dann ändert sich auch der Artikel: d*es* Hund*es*, über d*en* Köpf*en*.
Pronomina (Fürwörter) ersetzen Substantive: der Arzt = *er*
Oft zeigen sie ein Besitzverhältnis an: *sein* Handschuh

Neben diesen fünf Wortarten gibt es weitere mit bestimmten Merkmalen:

Mittelwörter (Partizipien) sind besondere Formen des Verbs, die als Adjektive oder Adverbien verwendet werden.
Zahlwörter benennen eine bestimmte oder unbestimmte Anzahl. Sie gehören zu den Adjektiven.

Zusammengesetzte Wörter (Grundwort + Bestimmungswort, Vor- oder Nachsilbe) finden sich bei allen Wortarten außer bei Artikel und Pronomen: Hausflur, weglaufen, zweifarbig, hinweg

B. Satzlehre

1. Der Satz ist eine Sinneinheit.

Wer spricht, benutzt meist mehr als nur ein Wort (Einwortsatz), um etwas Sinnvolles auszudrücken: „Wohin?" „Er ging eben über den Platz."

2. Je nach der Redeabsicht haben Sätze eine besondere Form.

Geschriebene Sätze mit aussagender Absicht (Aussagesätze, Erzählsätze) haben eine andere Form als solche mit fragender (Fragesätze) oder auffordernder Absicht.

a) Bei *Aussagesätzen* steht das Prädikat immer an zweiter Stelle. Ist das Prädikat zusammengesetzt, steht ein Teil auf der zweiten, der andere Teil auf der letzten Stelle:
Er *nahm* den Stein. Er *warf* ihn *weg*. Er *hat* ihn *geworfen*.

b) Bei *Fragesätzen* steht das Prädikat an erster Stelle. Nur wenn ein Fragefürwort gebraucht wird, rückt es an die zweite:
Holst du mir mal den Ball? *Wer holt* mir den Ball?

c) Bei *Aufforderungssätzen* (Befehlssätzen) steht das Prädikat an erster Stelle: *Hol* mir doch bitte den Ball!

3. Der Satz ist eine geordnete Einheit.

Wer spricht, fügt die Wörter in ganz bestimmter Weise zum Satz zusammen. Satzteile, die oft nur ein Wort, manchmal aber mehrere Wörter umfassen, findet man durch Umstellen: Er geht nach Hause. Nach Hause geht er.

Das *Prädikat* sagt aus, was in einem Satz geschieht:
Er *bindet* ihn an den Zaun.
Oft besteht das Prädikat aus mehreren Teilen (zusammengesetzte Verben, Verb + Hilfsverb): Sie *lief weg*. Er *war gekommen*.
Das *Subjekt* ist der Teil des Satzes, der das bewirkt, was das Prädikat aussagt. Man findet es mit der Wer-Frage: *Wir* rennen.
Beim *Passiv-Subjekt* wird *mit* dem Subjekt etwas getan:
Das Papier wurde weggeworfen.
Objekte (**Ergänzungen**) ergänzen die Angaben von Prädikat und Subjekt. Sie sagen wann, wo, wie, warum, wem etwas geschehen ist, wen man gesehen hat. Man unterscheidet zwei Arten von Objekten.

a) *Fall-Objekte*
Dativobjekt (Wem-Ergänzung, Ergänzung im dritten Fall): Sie gab *dem Jungen*...
Akkusativobjekt (Ergänzung im 4. Fall, Wen-Ergänzung): Er sah *das Pony* ...

b) *Angaben (Umstandsangaben):*
Ortsangaben (Wo, wohin, woher?): auf dem Tisch.
Zeitangaben (Wann, wie lange, seit wann?): heute morgen
Artangaben (Wie, auf welche Art?) schnell wie der Wind.
Begründungsangaben (Warum?): wegen des Unfalls

Manche Angaben sind nicht leicht zu bestimmen, weil sie mehrere Aussagen zugleich machen. Meist beginnen sie mit Präpositionen wie „beim", „zum" und „mit":

Er wurde beim Backen ohnmächtig. (Wann? Als er backte. Wo? in der Backstube, in der Küche. Möglicherweise sagt „beim Backen" sogar auch einen Grund aus: Weil es zu heiß war, weil er sich zu sehr anstrengte.).

Solche schwer zu bestimmenden Angaben nennt man am besten immer *Präpositionalobjekte*, weil sie mit einer Präposition (mit einem Verhältniswort) beginnen.

Inhaltsverzeichnis (alphabetisch geordnet)

Adjektiv (Eigenschaftswort) **4, 5, 54**
Akkusativ (4. Fall, Wen-Fall) **57**
Akkusativobjekt (Ergänzung im
　4. Fall, Wen-Fall) **60, 61**
Aktiv (Gegenteil von Passiv) **73**
Artangabe (Satzteil) **64**
Artikel (Begleiter) **4, 5**
Aufforderungs-, Befehlssatz **26**
Aussage-, Erzählsatz **26**

Beifügung **55, 56**
Begründungsangabe **68**
Beugung **35**
besitzanzeigende Fürwörter **46**
bestimmte Zahlwörter, siehe
　Zahlwort

Dativ (3. Fall, Wem-Fall) **58**
Dativobjekt (Ergänzung im 3. Fall,
　Wem-Fall) **62**

Eigenschaftswort, siehe **Adjektiv**
Einzahl, siehe **Singular**
Ergänzung, siehe **Objekte**

Fall, siehe **Nominativ, Genitiv, Dativ,
　Akkusativ**
Fragesatz **26**
Fürwort, siehe **Pronomen**
Futur (Zukunftsform des Verbs)
　36, 37

Gegenwart, siehe **Präsens**
Genitiv (2. Fall, Wessen-Fall) **59**
Grundform, siehe **Infinitiv**
Grundzahlen, siehe **Zahlwort**
Grundstufe, siehe **Steigerung**

Grundwort **8, 9**
Geschlechtswort, siehe **Artikel**

Hauptwort, siehe Substantiv
Hilfsverb (Hilfszeitwort) **37**
Höchststufe, siehe **Steigerung**

Infinitiv (Grundform des Verbs) **30**

Mehrzahl, siehe **Plural**

Nachsilbe (Suffix) **15**
Namenwort siehe **Substantiv**
Nominativ (1. Fall, Wer-Fall) **57**

Objekte **60–63**
(siehe auch **Dativ-, Akkusativobjekt**)
Ordnungszahlen, siehe **Zahlwort**
Ortsangabe, (Satzteil) **50, 51**

Passiv **72, 73**
Plusquamperfekt **34**
Plural (Mehrzahl) **4, 5**
Perfekt (vollendete Gegenwart) **34,
　35**
Präfix, siehe **Vorsilbe**
Prädikat (Satzaussage) **31–33**
Präposition (Verhältniswort) **65**
Präteritum (Vergangenheitsform)
　34, 35
Präsens (Gegenwartsform) **34, 35**
Pronomen (Fürwort) **45**
Personalpronomen **45**

Redeabsicht **26**

Satzarten **26**
Satz als Sinneinheit **10, 11**

Satzordnung **21–23**
Satzteil **32, 33**
(siehe auch Angaben: Subjekt,
    Prädikat, Objekte)
schwache Beugung, siehe **Beugung**
Singular (Einzahl) **4, 5**
Substantiv (Namenwort) **4, 5**
Suffix, siehe **Nachsilbe**
starke Beugung, siehe **Beugung**
Steigerung (des Adjektives) **54**

Tunwort (Tuwort), siehe **Verb**

unbestimmte Zahlwörter, siehe **Zahlwort**

Verb (Zeitwort) **4**
– Personalform des Verbs **30**
– Zeitformen des Verbs **34, 35**
Vergleichsstufe, siehe **Steigerung**
Vergangenheit, siehe **Präteritum**
Verhältniswort, siehe **Präposition**

vollendete Gegenwart, siehe **Perfekt**
Vorsilbe (Präfix) **15**

Wiewort siehe **Adjektiv**
Wem-Fall (3. Fall), siehe **Dativ**
Wen-Fall (4. Fall), siehe **Akkusativ**
Wessen-Fall (2. Fall), siehe **Genitiv**
Wer-Fall (1. Fall), siehe **Nominativ**
Wortfamilie **6, 7**
Wortfeld, **40**

Zeitangabe (Umstand der Zeit) **52, 53**
Zeitform des Verbs **34, 35**
Zeitwort, siehe **Verb**
Zukunft, siehe **Futur**
Zahlwort **24, 25**

Probearbeiten (Tests) 76–82

Kurzgrammatik 83–85

Mit Klett Training zum Schulerfolg

Für das 4. Schuljahr:

Hans Bergmann
Training Mathematik
Beilage: Lösungsheft
mit Lösungswegen + Elterninformation
107 Seiten + 80 Seiten Beilage, kart. (Klett-Nr. 92079)

Training Mathematik bringt den Stoff, den der Schüler beherrschen sollte, um bei Tests für weiterführende Schulen gut abzuschneiden. Mit Hilfe von Tests am Anfang eines jeden Kapitels können Stärken und Schwächen herausgefunden werden, abschließende Tests zeigen die Fortschritte.

Karl Sirch
Training Rechtschreiben
Beilagen: Wörterliste und Elternheft mit Lösungen
86 Seiten + 24 Seiten Beilage + Wörterliste, kart. (Klett-Nr. 92897)

Training Rechtschreiben verlangt kein stumpfsinniges Pauken. Abwechslungsreiche Aufgabenstellungen, Spiegelschrift-Texte, Buchstabenfelder, Rätsel, Geschichten von Kalle und Knolle bilden einen sehr interessanten und lustigen Übungsstoff.

Karl Sirch
Training Lesen
90 Seiten, kart., Beilagen: Elternheft mit Lösungen
und Schlußtest (Klett-Nr. 927941)

Rasches und genaues Lesen ist in vielen Bereichen von Bedeutung. Die Fähigkeit, gleichzeitig rasch und genau zu lesen, sollte systematisch gefördert werden. „Training Lesen" bietet hierzu eine Fülle lustiger Übungen.

Alfred Detter / Karl Sirch
Training Aufsatz
79 Seiten, kart., Beilage: Elternheft mit Lösungshilfen (Klett-Nr. 92719)

Viele Schüler haben große Schwierigkeiten, einen guten Aufsatz zu schreiben. Sprachgewandtheit kann man aber durch Üben lernen, und diese Übungen können – wie dieses Buch zeigt – recht lustig sein und sehr viel Spaß machen.

Training Grammatik

Elternheft mit Lösungshilfen

Von Alfred Detter und Karl Sirch

Ernst Klett Verlag

Alle Rechte vorbehalten
Fotomechanische Wiedergabe nur mit Genehmigung des Verlages
© Ernst Klett Verlage GmbH u. Co. KG, Stuttgart 1976
Satz: Fotosatz Tutte, Salzweg bei Passau
Druck: Wilhelm Röck, Weinsberg
Beilage zu ISBN 3-12-922162-X

Liebe Eltern

Grammatik muß nicht das Schreckgespenst in der Schule sein: Eine trockene, langweilige und schwierige Angelegenheit. Das natürlich im Umgang mit Sprache sich heranbildende Sprachgefühl wird zu einer Fähigkeit, die wir „automatisch" zu beherrschen lernen. Wir wissen als „natürliche Sprecher" unserer Muttersprache, wie wir Sätze richtig bilden müssen, damit wir von anderen verstanden werden. Aber eine Weiterbildung und ein immer perfekter werdendes Beherrschen und Verfügen über dieses Wissen ist ebenso notwendig zur Erlangung von sprachlicher Sicherheit wie die Ausbildung anderer manueller oder geistiger Fähigkeiten.

Sprache ist das zentrale Medium in unserem Leben, ohne das wir keine Selbständigkeit und Sicherheit in unserem gesamten Handeln und Verhalten erlangen können.

Die Verfasser haben sich bemüht, das Kind die Einsichten in die Lehre von den Gesetzmäßigkeiten unserer Sprache spielerisch erkennen zu lassen, um von vornherein Angst vor dem „Lernenmüssen" zu vermeiden. Die Kinder sollen die Verformbarkeit, Gestaltungsmöglichkeit und Verfügbarkeit der Sprache mit spielerischer Leichtigkeit erfassen lernen.

Beherrschen von Sprache ermöglicht sicheres Auftreten im täglichen Leben, sprachlich richtiges Verhalten in den verschiedensten Situationen:

Ein Kind soll jemand ansprechen, fragen, jemand Auskunft geben können oder ein Schriftstück (Brief, Bitte, Nachricht, Gesuch bis hin zu Lebenslauf oder Bewerbung) selbständig verfassen können. Dazu ist eine ordentliche und regelrichtige Sprachverwendung notwendig, sei es, daß Sprache in mündlicher oder in schriftlicher Form geäußert wird.

Das Training Grammatik spricht Schüler des dritten und vierten Schuljahrs, also im Alter zwischen acht bis elf Jahren, an. Dies betrifft neben dem Sprachvermögen auch die Erfahrungswelt, die Fantasie und die Vorstellungskraft des Kindes.

Der gesamte Kurs soll keine Höherführung von einem leichten zu einem schwereren Stoff darstellen, so wie es das sprachliche Erlernen in der Schule verlangt. Vielmehr wurde auf Eigenständigkeit der einzelnen Einheiten besonderer Wert gelegt: Jede Lerneinheit ist ein sprachlich und lernzielmäßig in sich geschlossenes Ganzes, das je nach Bedarf oder nach der Durchnahme im Unterricht herausgenommen und bearbeitet werden kann.

Eltern sollten nicht mit dem Kind vorauslernen, um ihm ein „Vorauswissen" mitzugeben, damit es schon „mehr" weiß als die anderen – vor allem nicht während des dritten Jahrgangs. Dies würde in den Sprachunterricht der Schule eingreifen und insofern eine Hemmung für das Kind darstellen.

Die Lehrpläne der Schule sind so angelegt, daß ein natürliches, systematisches und kindgemäßes Anwachsen der Sprachkompetenz auf langsame und gründliche Art erreicht wird.

Während des vierten Schuljahrs sollte der Wissensstand, wie er sich in diesem Heft manifestiert, wenn möglich bis Ostern erreicht sein, da die Anforderungen der weiterführenden Schulen in ihren Aufnahmeverfahren zu diesem Zeitpunkt dem entsprechen.
Einige Einheiten dienen der ständigen Übung und Wiederholung zu einem speziellen Thema, andere müssen unbedingt als Einführung in das Thema vor den dazugehörigen Übungen durchgearbeitet werden. Genaue Hinweise folgen im zweiten Teil dieses Hefts.
Für die Zeit zwischen Beendigung der Grundschule und Aufnahme in die nächst höhere Jahrgangsstufe – Hauptschule oder andere weiterführende Schule – dient das Heft als zusammenfassende Wiederholung für den gesamten Grammatikstoff der Grundschule und als Maßstab für den Wissensstand, der für die Weiterarbeit ab dem fünften Jahrgang vorausgesetzt wird. Selbst in den ersten Monaten dieses Jahrgangs ist es empfehlenswert, immer wieder auf das Heft zurückzugreifen und bestimmte Einheiten der Wort- und Satzlehre zu wiederholen.
Das Übungsbuch umfaßt die Stoffbereiche Sprachlehre des Faches Deutsch im dritten und vierten Schuljahr. Es soll dem Schüler – insbesondere vor dem Übertritt in eine weiterführende Schule – als Unterstützung und Übungshilfe für kleinere häusliche Zusatzaufgaben mit und ohne elterliche Anleitung dienen. Die Übungseinheiten können in ca. 30 bis 40 Minuten pro Thema leicht bewältigt werden. Eingeschobene Tests und Lösungshilfen geben dem Schüler die Möglichkeit, sein Wissen unter Beweis zu stellen; das weitere Fortschreiten in dem Heft oder eine Wiederholung können davon abhängig gemacht werden.
Meist wurde versucht, von konkreten Situationen, Geschichten, Szenen und dergleichen auszugehen, um der kindgemäßen Auffassungskraft entgegenzukommen. Aus dem Text wird dann die eigentliche sprachliche Fragestellung entwickelt, mit Aufgaben, Einsetzübungen, Umstellungen, Ergänzungen usw. versehen; die Zusammenfassung erscheint dann als Regel oder Merksatz, optisch hervorgehoben. Es genügt nicht, ein Auswendiglernen dieser Merksätze anzustreben, das Durcharbeiten der ganzen Einheit ist notwendig. In verschiedenen Fällen wird vom Unterricht her eine andere Formulierung solcher Merkregeln vorkommen, hier gilt es – und da wird die Hilfestellung von seiten der Eltern sicher manchmal erforderlich sein –, eine gemeinsame und verständliche, sachlich richtige Aussage zu finden. Oft sind noch Zusatzaufgaben beigefügt, die dann auf einem Schreibblock bearbeitet werden können.
Die Verfasser wissen um die Schwierigkeit der Terminologie: In verschiedenen Bundesländern finden sich abwechselnd lateinische und/oder deutsche Begriffe für ein und dieselbe Sache. Unser Vorschlag wäre, die nicht gebräuchlichen Ausdrücke zu streichen, auf jeden Fall aber auf die Verwendung der lateinischen Bezeichnungen hinzuarbeiten, da diese beim Erwerb von Fremdsprachen und in weiterführenden Schulen grundsätzlich verwendet werden.

Von den Verfassern wurden ohnehin die gebräuchlichsten deutschen Ausdrücke gewählt.
Die Übungen sind so verständlich angelegt, daß jeder Schüler sie selbständig bearbeiten kann. Je nach Auffassung und Arbeitstempo eines Schülers ist natürlich die einführende Hilfe eines Erwachsenen von Vorteil, sie sollte aber höchstens bis zur Erläuterung oder Umformulierung der Aufgabenstellung reichen, nicht aber in die selbständige Lösung des Lernenden eingreifen. Das bisher geübte „Abfragen" sollte mehr in Form einer Unterhaltung, eines gemeinsamen Gesprächs gehalten sein, bei dem jeder Partner aus dem Heft „mitlernen" will. Der Erwachsene soll Denkanstöße zum besseren Verständnis geben, ein nochmaliges Durchlesen, lautes Vorlesen, Wiederholen eines Abschnittes oder Merksatzes anregen.
Die Ergebnisse sollen überprüft, und dabei sollte mit Lob nicht gespart werden. Ein Vergleich mit den schulischen Arbeiten (Hausaufgaben, Proben, Aufsätze) kann aufzeigen, daß das Lernen mit diesem Heft nicht eine weitere „schulische" Angelegenheit ist, sondern daß es als Ergänzung, Vertiefung und somit Erleichterung der Schularbeit gedacht ist. Das Kind soll nichts Neues oder völlig anderes lernen, sondern das Training Grammatik ist für die Hausaufgaben als Kontrolle und Nachschlagemöglichkeit verwendbar und als Absicherung und Hilfe für Proben nützlich.
Der Schüler sollte das Heft zunächst einmal durchblättern, die Texte überfliegen. Dabei wird er sicher schon einiges beantworten können, was ihm dann mehr Sicherheit und Vertrauen für die weitere Bearbeitung gibt.
Die Hausaufgaben haben stets Vorrang, bevor *eine* Einheit – vielleicht am Spätnachmittag, am Wochenende oder beim gemeinsamen Sprechen über die Schule – durchgearbeitet wird. Wichtig ist, daß der einleitende Text und die Fragestellung genau (wenigstens ein- bis zweimal) durchgelesen werden, dann der Arbeitsauftrag noch einmal wiederholt und auch mit eigenen Worten wiedergegeben wird, weil so das Verständnis des Gelesenen am besten für den Erwachsenen kontrollierbar ist.
Unbedingt selbständig und in Ruhe soll der Schüler die gestellten Aufgaben ausarbeiten, das Ganze noch einmal überlesen, evtl. Korrekturen vornehmen und dann die gesamte Einheit mit dem Erwachsenen durchsehen. Ein bis zwei Einheiten pro Woche genügen, sie sind auch nach dem jeweils in der Schule anstehenden Stoff aus dem Gesamttext herauslösbar. Gegebenenfalls kann der Rat des Lehrers eingeholt werden, welche Einheiten besonders wichtig für den Schüler und im Hinblick auf eine Probe oder den Test durchzuarbeiten sind. Wenn ein zusätzliches Schreibheft verwendet wird, empfiehlt es sich, daß der Schüler ein Stichwortverzeichnis anlegt, in dem er die wichtigsten Begriffe wie z.B. Substantiv, Subjekt, Objekt usw. beschreibt, um so ein für ihn leicht verständliches und selbständig verfaßtes „Nachschlagewerk" zu besitzen. Ebenso hilfreich ist es, zwischendurch den Anhang „Kurzgrammatik" zu wiederholen, diejenigen Begriffe und Themen anzukreuzen, bei denen keine zufriedenstel-

lende Antwort vom Schüler gegeben werden kann, diese Kapitel dann erneut vorzunehmen oder weitere Zusatzaufgaben ins Heft zu schreiben.
Das Elternhandbuch „Mit der Schule leben – zwischen 6 und 10" (Klettbuch Nr. 92966) hält auf den Seiten 196 bis 235 weitere Möglichkeiten für Lernspiele im Fach Deutsch bereit.

Hinweise zu den einzelnen Lerneinheiten

Seiten 4, 5
Lernziel: Wiederholung der gebräuchlichen Begriffe
Hier sollen zunächst die in der Schule verwendeten Bezeichnungen für Substantiv, Verb usw. noch einmal in Erinnerung gebracht werden. Man kann die nicht verwendeten streichen, grundsätzlich ist jedoch auf den Gebrauch der lateinischen Ausdrücke hinzuarbeiten.

Seite 6
Lernziel: Erkennen und Erstellen einer Wortfamilie
Hier geht es um die Zusammensetzung von Wörtern, welche als zusammengesetzte Substantive aufgrund eines gemeinsamen Merkmals zu einer „Familie" zusammengeschlossen sind. An diese Einheit können noch weitere Beispiele angefügt werden: Wortfamilien „Buch" „Rad" „Baum" ...

Seite 7
1. Im oberen Drittel ist zweimal der Begriff „Wortfamilie" einzusetzen.
2. Auf die Strahlen, die zu oder von den Wörtern im Kreis führen, können Bestimmungs- oder Grundwörter eingesetzt werden, so daß sich Zusammensetzungen ergeben wie
 Wohnhaus, Geschäftshaus, Mietshaus, Puppenhaus, ...
 Haustür, Hausgarten, Hausanlage, Hausgemeinschaft, ... oder:
 Autofahrt, Autobahn, Autozubehör, Autoschlange, ...
 Personenauto, Lastauto, Spielzeugauto, Fernlenkauto, ...

Seiten 8, 9
Lernziel: Teilung eines zusammengesetzten Substantivs in Grundwort und Bestimmungswort
Es besteht die Gefahr, daß diese Einheit mit der vorhergehenden verwechselt wird. Wenn man von einer Wortfamilie ausgeht, z.B. Haus (Einfamilienhaus, Wohnhaus, Hochhaus, Hausdach), so nimmt man nur die Wörter her, bei denen -haus *an letzter Stelle* steht. Nur dort ist -haus das Grundwort, das durch verschiedene Angaben wie Wohn-, Hoch- usw. näher bestimmt wird. Das davorstehende Wort ist das Bestimmungswort.

Seite 10 bis 14
Lernziel: Wörter in einem sinnvollen Zusammenhang ergeben erst einen Satz.
Die ganze Familie kann mitspielen und Unsinnsätze oder zu einem Thema nicht dazugehörige Sätze oder Wörter formulieren. Wichtig ist, daß das Gesagte zu dem, was man mitteilen will, paßt oder als unwichtig, falsch oder lustige Sprachspielerei vom Richtigen getrennt wird. Das Bilden von Sätzen (Nachricht, Information, Mitteilung) aus Einzelwörtern läßt das Kind sprachlich kreativ werden und zwingt es, sinnzusammenhängend in einem Satz zu sprechen.

Lösungsmöglichkeiten

Seite 11, Aufgabe ④
Die Nachricht hätte lauten können:
Nachdem im Treppenhaus schwere bauliche Mängel festgestellt worden sind, beschloß das Schulamt, daß für zwei Tage die Schule ausfällt.
Der Elternbeirat der Schule stellte fest, daß in letzter Zeit zu oft die Schule ausfällt.
Die Schulleitung will nicht, daß wegen der Erkrankungen zu häufig die Schule ausfällt. Usw.

Seite 12, Aufgabe ⑧
Eine mögliche Formulierung wäre:
„Wir haben eben ein Gespräch belauscht. Die Leute wollen in etwa zwei Stunden im ABC-Markt einbrechen. Sie kommen auf Fahrrädern. Sie wollen die Kellerluke mit einer Brechstange öffnen, dann die Türe zum 2. Raum aufsprengen und dort Pakete mit Rekordern und Elektrorasierern an sich nehmen. Jeder soll 5 solche Pakete an sich nehmen. Diese werden später in einer Hütte am Steinbruch versteckt."

Seite 13, Aufgabe ⑪
Vollständige Lösung: b)

Seite 15
Lernziel: Vorsilbe (Präfix) und Nachsilbe (Suffix) sind an einem Wort erkennbar und kennzeichnen die Wortart.
Auch hier wird vom heiteren Sprachspiel ausgegangen. Es soll den Eltern dazu dienen, weitere Wörter mit vertauschten Vor- und Nachsilben dem Kind zur selbständigen Einordnung als Zusatzübung zu geben. Großgedruckte Überschriften aus Zeitschriften und Zeitungen eignen sich zum Zerschneiden und Zusammensetzen.

Seite 16, 17
oben: Wörter mit den Nachsilben -ung, -keit, -heit, -nis sind *Substantive*. Ich schreibe sie *groß*.
S. 17: An den Nachsilben *-ig, lich, -haft, -los, -bar, -isch, -sam* erkenne ich Adjektive. Ich schreibe sie *klein*.

Seite 18 bis 23
Lernziel: Bestimmte zusammengehörige Wortgruppen ergeben als Satzteil einen Sinn.
Auch Einzelwörter verbergen oft die Aussage eines ganzen Satzes. Als Lernspiel bietet sich hier an, Sätze aufzuschreiben, in Wortstücke und/oder zusammengehörige Satzteile zu zerschneiden und vom Kind wieder zusammenfügen zu lassen.

Seiten 24, 25
Lernziel: Zahlwörter geben *bestimmte* oder ungefähre (*unbestimmte*) Anzahlen von Personen oder Dingen an. Die Ordnungszahlwörter zeigen, in welcher Reihenfolge sich etwas befindet.

Lösungen

Seite 24
Setze richtig ein:

| zwei *Schüler* rufen
vier *Schüler* streiten | der *erste Schüler*
der *zweite/letzte*
Schüler | mehrere *Schüler* |

Hier geht es um eine ganz bestimmte Ordnung, man nennt sie *Ordnungszahlen*.
Hier weiß man keine bestimmte Anzahl und keine bestimmte Ordnung, man nennt sie *un*bestimmte Zahlwörter.

Seite 25

bestimmte Zahlwörter		unbestimmte Zahlwörter
Grundzahlen	Ordnungszahlen	
sieben	der dritte	die meisten
vierzehn	der achte	ein paar
elf	die zweite	wenige
zwei	der siebzehnte	einige
hundert	der tausendste	viele

Seite 26 bis 29
Lernziel: Erkennen der verschiedenen Satzarten
Beim Miteinandersprechen im täglichen Leben gibt es mehrere Möglichkeiten, einen Partner anzusprechen: sagen – fragen – bitten – fordern. Die Absicht wird durch verschiedene Satzstellungen und im Schriftlichen durch Satzzeichen deutlich gemacht.

Seite 26, Lösung zu Aufgabe ②

Cornelia	Darf ich dich einen Moment stören?
ja	Ja, ich höre zu.
ja	Ja, das kannst du morgen anziehen.
gut	Das freut mich.

Seite 27, Lösung zu Aufgabe ⑤

Jörg	grün	Aufforderung zum Zuhören
Ja	rot	Auskunft: „Ich höre".
Gehst du heute mit ins Hallenbad	blau	Will eine Auskunft
Nein, heute nicht	rot	Gibt Auskunft
Warum denn	blau	Will eine Auskunft
Ich muß zum Arzt	rot	Gibt Auskunft
Bist du krank	blau	Will eine Auskunft
Ich weiß nicht recht	rot	Gibt Auskunft
Zeig mir mal die Zunge	grün	Fordert zu einem Tun auf
Bist du vielleicht ein Arzt	blau	Will eine Auskunft

Seite 28, Lösung zu Aufgabe ⑧

Redeteil	Satzart	Zeichen
Was machst du heute Nachmittag	Frage	?
Ich weiß nicht recht	Aussage	.
Komm doch mit zur Kiesgrube	Aufforderung	!
Was wollt ihr da	Frage	?
Wir spielen Indianer	Aussage	.
Gut, dann komme ich mit	Aussage	.
Bring deinen Pfeil und Bogen mit	Aufforderung	!
Gut	Aussage	.

Seite 29, Lösung zu Aufgabe ② als Beispiel
Stefan komm doch mal her! Was soll ich denn? Halt mir mal den Drachen! Kannst du das nicht selber? Ich muß doch Carola helfen. Die kriegt ihren Drachen nicht hoch. Geht in Ordnung. Ich komme. Aber paß auf, daß sich die Schnüre nicht verwickeln! Na sicher, das kann ich schon. Carola, ich komme! (Der letzte Satz ist ein Ausruf. Er fordert aber den Zuhörer auch zu einem Tun auf, nämlich diesem Kommen Beachtung zu schenken, sich darauf einzustellen.)

Seite 30
Lernziel: Das Verb sagt in der Personalform darüber aus, wie viele Personen spielen.
Hier soll zunächst einmal zwischen der Grundform (infinite Form) und der Personalform (finite, bestimmte Form) unterschieden werden. Der Verständlichkeit wegen kommen die Zeitangaben, die das Verb ebenfalls ausdrückt, erst später dazu.

Seite 31, 32
Lernziel: Kennenlernen des Satzteils „Prädikat"
Aufgrund der Wichtigkeit dieses Satzteils findet sich auch die Bezeichnung „Satzkern". Das Prädikat enthält die zentrale Aussage über Vorgang oder Tätigkeit des Subjekts, in der „Satzaussage" ist der Kern des Mitgeteilten enthalten.

Seite 32, Lösung zu Aufgabe ③
Folgende Umstellungen sind möglich:
Herr Kromberg fuhr gestern mit seinem Auto gegen einen Zaun.
Gestern fuhr Herr Kromberg mit seinem Auto gegen einen Zaun.
Mit seinem Auto fuhr Herr Kromberg gestern gegen einen Zaun.
Gegen einen Zaun fuhr Herr Kromberg gestern mit seinem Auto.

Hinweis: Dadurch, daß der Schüler nur die Anfangsbuchstaben der Wörter in die Kästchen schreibt, wird die verschiedene Länge der Satzteile ausgeglichen. Der Ort wird deutlicher.

Seite 32, Lösung zu Aufgabe ④
1. Es sind 5 Satzteile
2. Ein Satzteil bleibt bei allen Umstellungen an der 2. Stelle.
   Es ist der Satzteil „fuhr".
3. Einzusetzen sind die Begriffe „Satzaussage" und „Prädikat".
5. Beim Fragesatz steht das Prädikat an 1. Stelle.
6. Prädikate bestehen immer aus *Verben*.

Seite 33
Lernziel: Diese Übung will noch einmal deutlich den Unterschied zwischen den in einem Satz vorkommenden Einzelwörtern und den zu einem Satzteil zusammengehörigen Wortgruppen hervorheben.

Seite 33, Lösung zu Aufgabe ① als Beispiel:
Folgende Umstellungen sind möglich:
Nächste Woche muß Katja dringend zum Zahnarzt.
Katja muß nächste Woche dringend zum Zahnarzt.
Zum Zahnarzt muß Katja dringend nächste Woche.
Dringend muß Katja nächste Woche zum Zahnarzt.
Zahl der Wörter: 7   Zahl der Satzteile: 5

Seite 34, 35
Lernziel: Wenn bestimmte Verben über die Zeitstufe der Vergangenheit etwas aussagen, verändern sie ihre Form.
Es gibt stark veränderte = stark gebeugte Verben und nicht sich verändernde = schwach gebeugte Verben.
Sehr oft tauchen Fehlformen auch noch im 3./4. Schuljahr auf – das ist eine natürliche sprachliche Erscheinung, die mit Unvermögen nichts zu tun hat, sie sollte aber von den Eltern immer und sofort korrigiert werden.

Seite 36, 37
Lernziel: Diese Einheit faßt sämtliche Zeitstufen des Verbs zusammen.
Als Hilfe zum besseren Verständnis kann hier das familiäre Gespräch über frühere Erlebnisse, z. B. das Kennenlernen der Eltern oder gemeinsame Urlaubsplanung dienen, um das Zeitgefühl beim Kind zu entwickeln und zu festigen.

Lösung zu Seite 36
Fritz träumt von der **Zukunft**.
Sie werden zum Flughafen fahren.
Der Urlaub *wird* drei Wochen *dauern*.
Jeden Tag *wird* er *schwimmen*.
Das Verb in der Grundform + „werden" drückt die *Zukunft* aus.

Lösungen zu Seite 37
Einzusetzen sind jeweils die Verben in der richtigen Zeitform:
kommt herein, sagt, zeig (*Gegenwart*-Präsens)
hat gelegt, hat eingepackt (*vollendete* Gegenwart-Perfekt)
schrieb, legten, fiel, dachte (Vergangenheit-Präteritum)
Die kleine Gruppe, die den Zeitwörtern zur Bildung von Perfekt oder Futur hilft, nennt man *Hilfszeitwörter* oder *Hilfsverben*.

Seite 38
Lernziel: Das Prädikat kann mehrere Stellen im Satz besetzen.
Der Schüler soll erkennen, daß zusammengesetzte Verben (Wortstamm + Vorsilbe) in den verschiedenen Personalformen getrennt stehen und andere Satzteile umklammern.

Seite 39
Lernziel: Das Verb kann eine Angabe über einen Zustand oder einen Vorgang machen.
Ein Verb drückt nicht nur eine momentane Tätigkeit eines Subjekts oder einen Vorgang aus, es gibt auch Auskunft über länger andauernde Zustände – demnach unterscheiden wir Zustandssätze und Vorgangssätze.

Seite 39, Lösung zu Aufgabe ②

(3) Das Kind schläft.	Zustand
(4) Kurt läuft nach Hause.	Vorgang
(5) Der Wind weht.	Zustand
(6) Das Auto fährt.	Zustand
(7) Peter fährt den Wagen in die Werkstätte	Vorgang
(8) Fische können schwimmen.	Zustand
(9) Die Blume blüht.	Zustand
(10) Harald pflanzt den Stock um.	Vorgang

Hinweis: Bei Satz (6) könnte man im Zweifel sein, ob nicht auch ein Vorgang gemeint ist. Hieße der Satz „Das Auto fährt vorbei/in die Stadt ..." wäre er als Vorgangssatz deutlicher erkennbar. So aber drückt er nur aus, daß das Auto „fahrbar" ist.

Seite 40
Lernziel: Ein Wortfeld umfaßt viele ähnliche und verwandte Aussagen. Um dem Kind die Suche nach sinnverwandten Wörtern eines Wortfeldes zu erleichtern, bietet man am besten zu einem Verb einen Vergleich mit dazu an, z.B.
hüpfen wie ein Hase
kriechen wie eine Schlange usw.

Beispiel zu Seite 40
Das Wortfeld „sagen" läßt sich etwa so aufgliedern:
1. Normales Sprechen: Sagen, reden, äußern, erwähnen, meinen, erzählen, plaudern, berichten, beschreiben, vortragen, entgegnen, antworten, erwidern, einwenden, bemerken, schwatzen, tratschen, ...
2. Lautes Sprechen: heulen, jammern, schimpfen, dröhnen, murren, schelten, rufen, meckern, herausstoßen, prahlen...
3. Leises Sprechen: flüstern, tuscheln, lispeln, zuraunen, ...
4. Behindertes Sprechen: stottern, lispeln, näseln, krächzen, ...

Seite 41 bis 44, Seite 47
Lernziel: Die Wer-Fragen dieser drei Einheiten zielen auf das Erkennen des zum Prädikat dazugehörigen „Täters" (= Subjekt, Satzgegenstand).
Während das Prädikat (läuft) aussagt, was in einem Satz geschieht, gibt das Subjekt (Karin) an, wer diesen Vorgang bewirkt. Gegenüber allen anderen Satzteilen steht also das Subjekt zum Prädikat in einer engen Wechselbeziehung. Dies wird auch in der Satzstellung deutlich: Das Subjekt steht entweder direkt vor oder direkt nach der zweiten Stelle im Satz.
Bei Verständnisschwierigkeiten im Aufbau eines Satzes empfiehlt es sich, die Einheiten Seite 31 ff. und Seite 41 bis 44 sowie Seite 47/48 zu wiederholen.

Lösung zu Seite 41
Aufgabe 3: Beim Prädikat „brachte" sind die wesentlichen Fragewörter WER, WEM, WAS. (WER brachte WEM WAS?)
Aufgabe 4: WER liest WAS?
Aufgabe 5: WER fragte WEN WAS/WONACH?
Aufgabe 6: WER miaut?

Lösung zu Seite 42 unten
Jedes Prädikat verlangt das Fragewort WER.

Lösungen zu den Seiten 43 und 44
Rot auszumalen sind die Kästchen:
Aufgabe 2 „Gisela"
Aufgabe 3 „mein Vater", „Ich", „Die ganze Familie", „wir alle".
Auf Seite 44: „Jens", „Manuela", „Sie", „Peter", „Wir", „Gabi", „das Buch", „Ich", „Niemand", „Großvater", „Susanne".
Sie alle antworten auf die WER-Frage.

Seite 45, 46
Lernziel: Diese beiden Einheiten erklären, daß Fürwörter (Pronomina) als Stellvertreter für eine Person oder Sache stehen können. Man unterscheidet persönliche und besitzanzeigende Fürwörter.
Der Begriff „Possessivpronomen" wurde aus Verständlichkeitsgründen (auch orthographischer Art) mit „besitzanzeigendes Pronomen" wiedergegeben.

Seite 48, 49 Lösungen
Aufgabe ⑤
(1) Wir nennen ihn *Satzaussage* oder *Prädikat*.
(2) Man nennt ihn *Satzgegenstand* oder *Subjekt*.

Aufgabe ⑥

(2) Das Prädikat heißt hier: übergab
   Das Subjekt heißt hier: Der Postbote
(3) Das Prädikat heißt hier: hat mitgebracht
   Das Subjekt heißt hier: Daniel
(4) Prädikat: verbrachte, Subjekt: Jochen
(5) Prädikat zweiteilig: kann kochen, Subjekt: ich
(6) Prädikat: sitzt, Subjekt: Herr Heller
   (Bei einem Satz wie diesem letzten bezeichnen Kinder gerne den Ausdruck „mir" als Subjekt, weil sie sich selber als Zentrum sehen, was ja hier aber nicht stimmt.)
Aufgabe ⑦ Richtig sind: Satz 3, 5, 6.

Seite 50 bis 53
Lernziel: Diese Einheiten bringen zwei Satzerweiterungen, die über Ort und Zeit Auskunft geben.
Grundsätzlich sollte bei Übungen, wo Satzteile erkannt werden müssen, immer vom einfachen Satz „Subjekt – Prädikat" und dessen farbiger Hervorhebung ausgegangen werden. Die erweiterten Satzteile können so leichter gefunden werden.

Seite 50, 51
Lösung zu Aufgabe ④
Ortsangaben sind (2) auf dem Fenstersims, (3) Neben mir, (4) unter der Couch, (5) im Hallenbad, (6) aus Italien, (7) in der Küche, (8) über den Zaun, (9) in Hannover.

Seite 52, 53
Aufgabe ④
Zeitangaben sind (2) vorgestern, (3) seit zwei Wochen, (4) Immer, (5) morgen, (6) sofort, (7) gleichmal, (8) Morgen abend, (9) doch nicht jedesmal.

Seite 54
Lernziel: Wir können Adjektive steigern.
Man sollte vermeiden, daß diese Einheit beim Üben in bloßes formales Aufsagen von Reihen wie „groß" – größer – am größten" u. a. m. ausartet; daher sollten dazu Sinnzusammenhänge (Sätze) geschaffen werden.

Seite 55, 56
Lernziel: Durch Beifügungen kann etwas genauer ausgesagt werden.
Grundsätzlich kann jedes Substantiv in einem Satz durch ein Adjektiv (Eigenschaftswort) näher bezeichnet werden. Normalerweise tut man dies aber nur, wenn man unter mehreren ähnlichen Dingen oder Personen unterscheiden will: Mein *brauner* Pulli, der *alte* Mann dort drüben, das *blonde* Kind. Eine Häufung solcher Beifügungen in einem Text klingt immer unnatürlich: Der alte, klapprige Wagen fuhr durch die stille, träumende Stadt. Das Kind sollte also lernen herauszufinden, wann eine Beifügung wirklich am Platze ist.

Seite 57 bis 59
Lernziel: Das Substantiv übernimmt verschiedene Rollen – die vier Fälle.
Diese Einheiten sind auf jeden Fall getrennt von der Einheit „Subjekt" zu behandeln, da es wegen der gleichen „Wer"-Frage sonst Verwechslungen gibt:
Ein *Substantiv* steht in einem bestimmten *Fall:* Wer? Wessen? Wem? Wen?
Auf die Frage „Wer"? wird das zum *Prädikat* gehörende *Subjekt* ermittelt.

Seite 60 bis 63
Lernziel: Sätze werden vollständig durch Ergänzungen.
Ausgehend vom einfachen Satz „Subjekt – Prädikat" finden wir den Satzteil, den man mit „Objekt" bezeichnet, die Antwort auf die Frage: Auf „Wen" ist eine Aussage gerichtet? Diese Ergänzung kann im 3. oder 4. Fall stehen und erhält so ihren Namen: Dativobjekt, Akkusativobjekt.

Seite 61, Lösung zu Aufgabe ⑧
Die Fragen lauten: WEN hat Pia gewarnt? WEN/WAS kennst du schon?
Aufgabe ⑨: Richtig sind der erste und dritte Satz.

Seite 64
Lernziel: Die Satzaussage kann auch näher erklärt werden.
Zum Prädikat gehören die Ergänzungen, die den Vorgang, den das Verb ausdrückt, genauer kennzeichnen: Ad-verb d. h. beim Verb, zum Verb gehörig, die Mehrzahl lautet: Adverbien. Jetzt muß der Unterschied Attribut (beim Substantiv stehend) – Adverb (beim Verb stehend) klar erkannt werden.
Der neue Satzteil ist eine Angabe über das „Wie?" des Geschehens, über die Art und Weise.

Seite 65 bis 67
Lernziel: Verhältniswörter (Präpositionen) geben mir die Lage zwischen mir und einer Person oder Sache an.
Diese beiden Einheiten klären zunächst den Begriff „Präpositionen", dann führen sie die beiden Fälle an, die am häufigsten nach Präpositionen auftreten, den 3. und 4. Fall. Der 2. Fall nach „wegen", „während" oder „trotz" ist sehr selten geworden.

Seite 68
Lernziel: Angaben über den Grund einer Sache sind ein eigener Satzteil.
Diese Einheit faßt die Angaben als eigenen Satzteil zusammen, die eine Begründung für ein Geschehen nennen, es sind Angaben des Grundes.

Seite 69 bis 71
Diese Einheiten fassen noch einmal das Wichtigste aus der Satzlehre zusammen und bieten leicht verstehbare Abkürzungen an.

Lösungsbeispiel zu Seite 71
1. Schritt: Der Satz wird in der ersten Zeile umgestellt:
   Eine Stunde darf ich am Freitag länger aufbleiben.
2. Schritt: Satzteile sind also:
   darf aufbleiben (Prädikat), ich (Subjekt), am Freitag (Zeitangabe) und: länger (ebenfalls Zeitangabe, Adverb).

Seite 72, 73
Lernziel: Subjekte können nicht nur tätig werden, mit ihnen geschieht auch manchmal etwas.
Wir unterscheiden nicht nur Aktiv und Passiv bei Verben, sondern sprechen bei Subjekten, mit denen etwas gemacht wird, weil sie nicht von selbst tätig werden können, ebenfalls von Passiv-Subjekt.

Seite 74, 75
Lernziel: Verben drücken aus, daß jemand etwas tut oder daß mit jemand etwas getan wird.
Verben stehen in der Aktivform oder in der Passivform, der Begriff „Leideform" wurde der nicht immer zutreffenden Bedeutung wegen vermieden.

Seite 76 bis 82
sind Testprogramme, die von den Eltern immer wieder – mit anderen Wort- und Satzbeispielen – dem Kind vorgelegt werden können. Auch Einzelteile, z.B. über das Verb, über Satzteile usw. können nach Durchnahme der betreffenden Kapitel herausgenommen und bearbeitet werden.

Lösungen zu den Testaufgaben Seite 76 bis 82

Seite 76

Der Vater   Artikel/Begleiter   Namenwort/Substantiv
kauft   Verb
seinem Sohn   besitzanzeigendes Pronomen, Substantiv
eine goldene Uhr Zahlwort, Adjektiv, Substantiv
Der Vater kauft seinem Sohn eine goldene Uhr.
Nominativ   Dativ   Akkusativ
am Geburtstag Präposition, Substantiv
auf den Boden Präposition, Artikel, Substantiv
am Geburtstag = Nominativ, auf den Boden = Akkusativ
Ersetze die Wiederholungen durch *Personal-Pronomina!*
Der Vater lobt den Jungen nicht. *Er* nimmt *ihm* die Uhr. *Sie* hat ein zersprungenes Glas.

Seite 77

Wortfamilie Glas:

Glasfabrik, Glasfenster, Glashaus, Glasbläser, Glasscheibe, Glasscherben, ...
Fensterglas, Bierglas, Trinkglas, Sicherheitsglas, ...
Wortfeld sehen: beobachten, spähen, betrachten, blicken, mustern, schauen, besichtigen, erkennen, gewahren, bemerken, sichten, ansehen, besehen, nachsehen, zusehen, vorbeisehen, äugen, gucken, blinzeln, lugen, stieren, glotzen, ...
Wandle folgende Zahlwörter aus den *Grundzahlen* um in *Ordnungszahlen*: drei – dritte, zwanzig – der zwanzigste, elf – der elfte, eins – der erste.
Ein paar, ein wenig, viel, einige, manche, viele, heißen *unbestimmte Zahlwörter.*

Steigere die Adjektive, gib die Stufen an!

Grundstufe	Vergleichsstufe	Höchststufe
fein	feiner	am feinsten
jung	jünger	am jüngsten
gut	besser	am besten
lieb	lieber	am liebsten
viel	mehr	am meisten

Seite 78

Der andere Teil des Wortes heißt *Bestimmungswort.*

Grundwort:		Bestimmungswort:	
Türe	Tasche	Haus	Schule
Stuhl	Türe	Schreibtisch	Eingang
Türe	Stuhl	Ofen	Zahnarzt
Stuhl	Tasche	Klavier	Hand

Substantive	Verben	Adjektive
Einfachheit	vereinfachen	einfach
der Tor	betören	töricht
die Befürchtung	befürchten	furchtsam
Lesbarkeit	lesen	lesbar
Erleichterung	erleichtern	erleichtert
Liebe	lieben	lieb
Beschäftigung	beschäftigen	beschäftigt
Neuerung	erneuern	neu
Verschluß	verschließen	verschließbar
Beleuchtung	beleuchten	beleuchtet
Befreiung	befreien	befreit
Kühnheit	erkühnen	kühn
Wagnis	wagen	gewagt/verwegen
Mut	zumuten/ermutigen	mutig
Glück	glücken	glücklich
Vorteil	bevorteilen	vorteilhaft
Nachteil	benachteiligen	nachteilig
Reue	bereuen	reuig
Schönheit	beschönigen	schön

fragt: 3. Person, Einzahl (Singular)
„Fragt" im Präteritum: frag*te*
„Fragt" im Futur: wird fragen
„Fragt" im Perfekt: hat gefragt
Die Wörter heißen: Hilfsverben

Seite 79

1. Person, Plural, Perfekt von „fragen": wir haben gefragt
Die Form „fragen" ist die Grundform.
„Der Fremde fragt den Jungen" heißt im Passiv: „Der Junge wird von dem Fremden gefragt (befragt)."
Der vorgehende Satz steht im *Passiv* (Leideform)
Subjekt im Aktivsatz: Der Fremde, im Passivsatz: Der Junge
Objekt im Aktivsatz: den Jungen, im Passivsatz: von dem Fremden

Das Verb „fragen" wird *schwach* gebeugt (fragen, fragte, gefragt)
(Die alte Form „frug" wäre eine starke Beugung.)
Starke Beugung wären Verben wie:
schwimmen, schwamm, geschwommen,
halten, hielt, gehalten,
sprechen, sprach, gesprochen usw.
Der sinnvolle Satz heißt: Er lief gleich zu seiner Schwester.
Richtig ist: Komm doch morgen herüber!

Seite 80

Der Satz lautet: Ich kann doch nicht alles allein machen.
Mögliche Lösung: Übermorgen kommt Daniel endlich zu mir.
Umstellungen:
Für die Nachbarin holte Kerstin eine Milchdose aus der Küche.
Aus der Küche holte Kerstin eine Milchdose für die Nachbarin.
Eine Milchdose holte Kerstin für die Nachbarin aus der Küche.
 Fährt Christian am 3. Mai wirklich nicht zum Zelten mit ?
 Michaels Goldhamster hatte sich in der Couch verkrochen.
 Hol mir doch mal den Schraubenzieher aus dem Auto !

Seite 81

Die drei Satzarten heißen Aussagesatz (Erzählsatz), Fragesatz und Aufforderungssatz (Befehlssatz).
Fragesatz: Schreibt Karin einen Brief?
Aussage: Karin schreibt einen Brief.
Aufforderung: Karin, schreib einen Brief!
Beifügungen: „neue", „groben", „kranken", „grünen".
Mögliche Beifügungen zu
Ufer: steil, sandig, flach, entfernt, ...
Taube: naß, müde, klein, jung, mutig, ...
Gefieder: feuchtes, verklebtes, nasses, ...
Prädikat: kam heim, Subjekt: Gerd
Ortsangabe: im Wohnzimmer
Zeitangabe: erst vorhin

Seite 82

Könntest bringen	= Prädikat (zweiteilig)
du	= Subjekt
nach dem Essen	= Zeitangabe
den Korb	= Akkusativobjekt (4. Fallergänzung)
zu Oma	= Ortsangabe

„wegen der Schmerzen"   = Begründungsangabe

Er   = Subjekt
schrieb   = Prädikat
sofort   = Zeitangabe
die Namen der Zeugen   = Akkusativobjekt
auf einen Block   = Ortsangabe
(Man könnte „der Zeugen" evtl. als Genitivobjekt gelten lassen)

In der Kurzgrammatik (Seite 83–85) werden anhand prägnanter Beispiele die wichtigsten Regeln der Sprachlehre noch einmal erklärt. Sie dient der dauernden Überprüfung durch Wiederholung und Einprägen dieser knapp abgefaßten Sätze.

Die Autoren:

Alfred Detter, geb. 1943, Hauptschullehrer 1967/1968, gleichzeitig Weiterstudium in Pädagogik, Psychologie und Musik. Seit 1968 Grundschullehrer in Augsburg. Später auch Ausbildungslehrer und Seminarleiter. Seit 1974 wissenschaftlicher Assistent am Lehrstuhl für Didaktik der deutschen Sprache und Literatur.

Karl Sirch, geb. 1928, Volksschullehrer von 1950 bis 1970. Während dieser Zeit Seminarleiter, Leiter einer Elternschule, Rektor einer Grundschule. Seit 1970 Dozent am Institut zur Ausbildung Pädagogischer Assistenten am Erziehungswissenschaftlichen Fachbereich der Universität Augsburg.
Veröffentlichungen: Vorwiegend schulpraktische Aufsätze, meist aus dem Bereich des muttersprachlichen Unterrichts in Fachzeitschriften und der Zeitschrift ELTERN. Autor des Buches: Der Unfug mit der Legasthenie.